TRANSCRIPTION

ء	ʾ	ض	*ḍ*
ب	*b*	ط	*ṭ*
ت	*t*	ظ	*ẓ*
ث	*th*	ع	ʿ
ج	*j*	غ	*gh*
ح	*ḥ*	ف	*f*
خ	*kh*	ق	*q*
د	*d*	ك	*k*
ذ	*dh*	ل	*l*
ر	*r*	م	*m*
ز	*z*	ن	*n*
س	*s*	ه	*h*
ش	*sh*	و	*w*
ص	*ṣ*	ي	*y*

Les voyelles longues ا et ى par ***ā***, ي par ***ī*** et و par ***ū***.

La marque du féminin ة par *ah*.

بِسْمِ اللَّهِ الرَّحْمَٰنِ الرَّحِيمِ

قَالَ رَسُولُ اللَّهِ صَلَّى اللَّهُ عَلَيْهِ وَسَلَّمَ:

"إِنَّ الْعُلَمَاءَ وَرَثَةُ الأَنْبِيَاءِ وَإِنَّ الأَنْبِيَاءَ لَمْ يُوَرِّثُوا دِينَارًا

وَلَا دِرْهَمًا وَرَّثُوا الْعِلْمَ فَمَنْ أَخَذَهُ أَخَذَ بِحَظٍّ وَافِرٍ"

"Les savants sont véritablement les héritiers des prophètes, et les prophètes n'ont pas laissé comme héritage des dinars ou des dirhams. Ils ont cependant laissé comme héritage la science et celui qui en obtient une part en aura certes pris la part complète."

[Rapporté par *Tirmidhī*, *Abū Dāwūd* et *Ibn Mājah*]

ISBN : 9 782491 371036

🖳 : www.heritagemohammadien.fr

✉ : editionheritagemohammadien@gmail.com

Imprimé en Allemagne | BoD

« L'illumination des ténèbres sur la possibilité de voir le Prophète et les anges »

(*tanwīr al-ḥalak fī imkān ru'yah al-nabī wa al-malak*)

Du célèbre savant soufi :

Jalāl al-Dīn al-Suyūṭī

(849-911 H / 1445-1505 J-C)

Traduit et annoté par :

Hichām al-Mālikī al-Ḥassanī

Année de la première édition :

2021

ترجمة المؤلّف

BIOGRAPHIE DE L'AUTEUR

L'auteur du présent ouvrage est *ʿAbd al-Raḥmān b. Abī Bakr Kamāl b. Muḥammad b. Sābiq al-Dīn Jalāl al-Dīn al-Miṣrī al-Suyūṭī al-Shāfiʿī al-Ashʿarī al-Shādhilī*, plus communément connu sous le nom de « *al-Suyūṭī* ». Il naquit le 1er *Rajab* 849 H (octobre 1445) au Caire. Il est sans conteste la personnalité la plus éminente de son ère : *mujtahid*, juriste, soufi, philologue et historien, il fut l'un des auteurs les plus prolifique du Xème siècle de l'Hégire dans les sciences islamiques.

Né d'une famille connue pour sa science et sa piété d'une mère turque et d'un père d'origine perse, il fut élevé comme orphelin au Caire où il est pris en charge par une communauté de savants qui reprendront son éducation après la mort de son père.

Dès l'âge de 8 ans, il mémorise le Coran ainsi que plusieurs ouvrages complets de la Loi Sacrée. Il est initié à la jurisprudence (*fiqh*), à ses fondements (*uṣūl al-fiqh*), à la science du *ḥadīth*, à l'exégèse (*tafsīr*), à la croyance (*ʿaqīdah*) et à la langue arabe et sa grammaire. Il a ensuite dédié sa vie à l'étude des sciences sacrées auprès de 150 maîtres. Parmi eux :

- Le *Shaykh* de l'*Islām Sirāj al-Dīn al-Bulqīnī*, avec qui il étudiera la jurisprudence Shāfiʿite ;
- Le maitre du *hadīth*, le *Shaykh* de l'*Islām Sharāf al-Dīn al-Munāwī*, avec qui il apprendra le Coran, le droit et avec qui il entreprendra notamment une interprétation (*tafsīr*) du Coran.
- *Taqī al-Dīn al-Shiblī* avec qui il étudiera le *hadīth* pendant quatre années.

- *Jalāl al-Dīn al-Maḥallī*, spécialiste des principes du droit, avec qui il compilera plus tard une célèbre exégèse condensée du Coran : *Tafsīr al-Jalālayn.*
- *Shihāb al-Dīn al-Sharmisahi,*
- *Muḥyī al-Dīn al-Kāfayjī* avec qui il étudiera pendant 14 ans plusieurs sciences : l'exégèse (*tafsīr*), les fondements (*uṣūl*), la langue arabe et la rhétorique.
- Le maître du *ḥadīth Sayf al-Dīn Qāsim b. Qaṭlūbaghā.*

Et bien d'autres savants.

Son apprentissage ne se limita d'ailleurs pas à des enseignants masculins, on y compte également des femmes ayant atteint la quintessence du savoir. Parmi elles :

- *Āsiyah bt. Jār Allāh b. Ṣāliḥ,*
- *Kamāliyah bt. Muḥammad* l'Hachémite,
- *Umm Hāni' bt. Abī al-Ḥassan al-Harwīnī,*
- *Umm al-Faḍl bt. Muḥammad al-Maqdisī,*
- Et bien d'autres.

Animé par sa quête du savoir, *al-Suyūṭī* voyage à Damas, au Hejaz où il invoquera tout en buvant l'eau de Zamzam afin d'atteindre le rang de son maître *Sirāj al-Dīn al-Bulqīnī* dans le domaine du droit et du *Ḥāfiẓ Ibn Ḥajar Al-ʿAsqalānī* dans le domaine du *ḥadīth* ; au Yemen, en Inde, et au Maroc.

De retour en Égypte en 871 H (1466), il émet ses premières réponses juridiques (*fatwā*) à la mosquée d'*Ibn Tūlūn* et enseigne l'année suivante la science du *hadīth* dans la même *madrasa* que son père : la mosquée *Shaykhuniyya* avec la recommandation du maître *Kamāl al-Dīn ibn al-Humām*, et ce, dès l'âge de 21 ans. Puis, il fut appelé à la tête d'*Al-Khānqāh al-Bibarsiyyah* qui était comble de prétendants au soufisme. La mésentente éclata entre *al-Suyūṭī* et ces derniers qui faillirent le tuer. Il décide ensuite de quitter *Al-Khānqāh Al-Bibarsiyyah*, de se retirer de la vie publique et de ses assemblées pour se consacrer à la rédaction et à la dévotion. Ces années de solitude ont permis à ses contributions scientifiques d'être couronnées de succès.

Il avait une connaissance très large, un savoir abondant et disait de lui-même : « Il m'a été accordé une connaissance profonde dans 7 sciences : l'exégèse, le *ḥadīth*, le droit (*fiqh*), la grammaire, les significations, la science des tropes (*bayān*) et l'embelissement du discours (*badi*ʿ) » Il dit également : « Je possède désormais l'ensemble des instruments de l'effort de réflexion (*ijtihād*), qu'*Allāh* en soit loué. Je le dis en guise de témoignage des bienfaits d'*Allāh* et non pour en tirer quelques fiertés… car que vaut ce monde pour que son acquisition soit une fierté ? »

À l'âge de 17 ans, il rédigea son premier livre et reçut à ce titre les éloges de son maitre *ʿAlam al-dīn al-Bulqīnī*. Parmi ses oeuvres les plus proéminentes, on y trouve sa collection de *ḥadīth* « *La collection des collections* (*jam' al-jawāmi'*) »; son exégèse coranique « *Tafsīr al-Jalālayn* » dans laquelle il termine la deuxième moitié d'un manuscrit inachevé de *Jalāl al-Dīn al-Maḥallī* en seulement 40 jours ; et son commentaire classique sur les sciences du *ḥadīth* : « *Tadrīb al-Rāwī fi Sharḥ Taqrīb al-Nawawī* ».

Immense savant parmi ses contemporains, il produit de nombreux ouvrages scientifiques jusqu'à sa mort. Dans l'introduction de son livre « *al-Riyāḍ al-Anīqa* » portant sur les noms du Prophète (ﷺ), il dit : « J'ai dans l'espoir qu'*Allāh* accepte ce livre et que par celui-ci, j'obtienne l'intercession du Prophète (ﷺ). Il se peut qu'*Allāh* en fasse le sceau de toutes mes oeuvres, et qu'Il m'accorde ce que j'ai toujours désiré, concernant l'Honorable. »

L'élève et biographe d'*Al-Suyūṭī*, *Shams al-Dīn al-Dāwūdī al-Mālikī*, auteur de *Ṭabaqāt al-Mufassirīn al-Kubrā*, a déclaré : « J'ai vu le maître de mes propres yeux écrire et terminer trois oeuvres en une journée qu'il a lui-même rédigées et corrigées. En même temps, il dictait des *ḥadīths* et répondait magnifiquement à tout ce qui était porté à son attention. »

Al-Sakhāwī lui reprocha son plagiat de livres antérieurs, d'autres ajoutèrent que la profusion de ses oeuvres était la raison pour laquelle elles étaient souvent incomplètes et se contredisaient. C'est une accusation couramment portée à l'encontre d'auteurs prolifiques, comme *Ibn al-Jawzī* et *Ibn Taymīyyah.* Notons également qu'il existait une certaine animosité entre *al-Suyūṭī* et son cheikh, *al-Sakhāwī*, comme le montre le premier pamphlet « *La marque brûlante réfutation d'al-Sakhāwī* (*al-kāwī fī al-radd ʿalā al-sakhāwī*) ».

Nombreux sont les musulmans et riches princes qui vinrent à sa rencontre. Le Sultan, très admiratif, lui fit don de plusieurs offrandes et demanda sans cesse des entrevues qu'il refusa. On rapporte une réponse d'*al-Suyūṭī* à l'envoyé du Sultan : « Ne revenez plus jamais à nous avec un quelconque cadeau, car en vérité, *Allāh* a mis fin à tous nos besoins. »

Al-Suyūṭī appartenait à la voie *Shādhilīyyah*, dont il a fait l'éloge dans sa brève défense du soufisme intitulé « *Ta'yīd al-ḥaqīqah al-ʿāliyya* ». Dans ce livre il déclare : « J'ai examiné les questions que les imams de la Législation ont dénoncées chez les soufis, et je n'ai pas vu un seul vrai soufi occuper de telles positions. Au contraire, ils sont détenus par les gens de l'innovation et les extrémistes qui ont clamé pour eux-mêmes le titre de soufi alors qu'ils ne le sont pas. »

Lorsqu'un de ses maîtres, *Burhān al-Dīn Ibrāhīm ibn 'Umar al-Biqā'ī* (m. 885 H), a attaqué *Ibn 'Arabī* dans un pamphlet intitulé « *Avertissement à l'abruti qu'Ibn 'Arabī est un Apostat* (*tanbīh al-ghabī ilā takfīr Ibn 'Arabī*) », *al-Suyūṭī* a répliqué avec un pamphlet intitulé « *Avertissement à l'abruti qui fait défaut à Ibn 'Arabī* (*tanbīh al-Ghabī fī takhṭi'a Ibn 'Arabī*) ».

Les deux épîtres ont été publiées et dans sa réponse, *al-Suyūṭī* déclare qu'il considère *Ibn 'Arabī* comme un saint dont les écrits sont interdits à ceux qui les lisent sans avoir au préalable apprit la terminologie utilisée par les soufis. Les savants respectables qui gardaient une bonne opinion d'*Ibn 'Arabī* ou qui le compte comme un saint sont nombreux, parmi eux :

- *Ibn 'Aṭā' Allāh al-Iskandarī* (m. 709 H),
- *Al-Yāfi'ī* (m. 678 H),
- *Ibn 'Abd al-Salām* après la rencontre de ce dernier avec l'*Imām Abū al-Ḥasan al-Shādhilī*,
- *Shihāb al-Dīn Abū al-'Abbās Aḥmad b. Yaḥyā al-Malwī al-Tilimsānī* (m. 776 H),
- *Sirāj al-Dīn Abū Ḥafṣ 'Umar b. Isḥāq al-Hindī al-Ḥanafī* (m. 773 H),
- *Najm al-Dīn al-Bahi al-Ḥanbalī* (m. 802 H),
- *Al-Jabartī* (m. 806 H),
- Le lexicographe *al-Fayrūzābādī* (m. 818 H),
- *Shams al-Dīn al-Bisāṭī al-Māliki* (m. 842 H),
- *Al-Munāwī* (m. 871 H),
- Et d'autres.

Al-Suyūṭī était d'ailleurs d'obédience Ash'arīte dans sa doctrine comme l'indiquent clairement ses oeuvres.

L'*Imām* a été pris à partie pour son affirmation selon laquelle il était capable d'un effort de réflexion indépendant (*ijtihād muṭlaq*). Il a expliqué : « Je ne voulais pas dire que j'étais semblable à l'un des quatre imams, mais seulement que j'étais un *mujtahid* affilié (*muntasib*). Car, quand j'ai atteint le niveau de *tarjīḥ* ou de distinguer la meilleure *fatwā* à l'intérieur de l'école, je n'ai pas enfreint le *tarjīḥ* [1] d'*al-Nawawī*. Et quand j'ai atteint le niveau d'*ijtihad muṭlaq*, je n'ai pas enfreint l'école d'*al-Shāfi'ī*. » Il continue : « Il n'y a personne à notre époque, sur la face de la terre, de l'Est à l'Ouest, plus informé que moi dans le *ḥadīth* et la langue arabe, sauf *al-Khiḍr* ou le pôle des saints ou quelque autre saint, aucun de qui j'inclus dans ma déclaration, et *Allāh* sait mieux. »

Al-Suyūṭī souhaitait être l'*Imām* du 9ème siècle de l'hégire pour l'abondance de son savoir. Il dit : « J'ai imploré parmi les bienfaits d'*Allāh* et sa générosité d'être l'envoyé de ce siècle vu que je me distingue par la profondeur de ma connaissance dans toutes sortes de savoirs. »

Les écrits d'*al-Suyūṭī* dépassèrent les 300 livres et épitres. Brokleman lui recensa 415 écrits alors que *Ḥājī Khalīfah* dans « *Kashf al-Ẓunūn* » lui dénombra 576 ouvrages et certains comme *Ibn Iyās* allèrent même jusqu'à 600 ouvrages. Parmi ses ouvrages dans les sciences et l'exégèse du Coran, il y a notamment :

- « La maitrise dans les sciences du Coran (*al-itqān fī 'ulūm al-qur'ān*) »,
- « L'équivoque dans le Coran (*mutashābih al-qur'ān*) »,
- « Le diadème concernant la déduction de la révélation (*al-iklīl fī istinbāṭ al-tanzīl*) »,

[1] Le *tarjīḥ* est le fait de rendre prédominant un avis sur un autre au sein d'une école.

- « Les clés de l'insondable concernant l'exégèse (*mafātiḥ al-ghayb fī al-tafsīr*) »,
- « Chroniques des exégètes (*ṭabaqāt al-mufasirīn*) »,
- « Mille vers concernant les dix lectures (*al-alfiyyah fī al-qirā'āt al-'ashr*) »,
- « Les perles dispersées dans l'exégèse par tradition (*al-durr al-manthūr fī al-tafsīr bil-ma'thūr*) ».
- « L'Exégèse des deux *Jalāl* (*tafsīr al-jalālayn*) ».

Dans le domaine du *ḥadīth* et de ses sciences, *al-Suyūṭī* connaissait par cœur 200 mille *ḥadīths* d'après ce que l'on rapporte de lui. Il était passionné par la compilation et la recherche des récits. Il rédigea une dizaine de livres dans ce domaine certains comprenant plusieurs volumes et d'autres ne dépassant pas quelques pages. Parmi ses livres, on cite :

- « Le secours du lent concernant les hommes d'*Al-Muwaṭṭa'* (*is'āf al-mubṭi' fī rijāl al-Muwaṭṭa'*) »
- « Éclaircissement des ténèbres dans le commentaire du *Muwaṭṭā'* de l'*Imām Mālik* (*tanwīr al-ḥawālik fī sharḥ Muwaṭṭā' al-imām Mālik*) »,
- « La Somme des Sommes (*jam' al-jawāmi'*) »,
- « Les perles dispersées dans les *ḥadīths* réputés (*al-durar al-muntathirah fī al-aḥādīth al-mushtahirah*) »,
- « Sélection de '*Shu'ab al-Īmān*' d'*Al-Bayhaqī* (*al-muntaqā min shu'ab al-īmān lil-nayhaqī*) »,
- « Les noms des dissimulateurs (*asmā' al-mudallisīn*) »,
- « Ethique de la *fatwā* (*ādāb al-futyā*) »,
- « Les générations des mémorisateurs (*ṭabaqāt al-ḥuffaẓ*) ».

Dans le domaine du droit, il rédigea :

- « Les similitudes dans la jurisprudence de l'*Imām al-Shāfi'ī* (*al-ashbāh wal-nadhā'ir fī fiqh al-imām al-shāfi'ī*) »,

- « La collection des fatwās (*al-gāwī fī al-fatāwī*) »,
- « La somme en matière de successions (*al-jāmi' fī al-farā'iḍ*) »,
- « Plaisir des ouïes avec les questions de l'unanimité (*tashnīf al-asmā' bimasā'il al-ijmā'*) ».

Et bien d'autres écrits dans différentes sciences.

Sa carrière d'auteur s'étendit sur 45 ans. Si l'on distribuait sa production littéraire sur sa carrière, on obtiendrait environ 40 pages par jour sachant que la plupart de ses productions consistaient à compiler, synthétiser et annoter les écrits d'autrui. Sa part d'innovation propre était très réduite. L'*Imām al-Suyūṭī* décéda à son domicile à *Rawḍat al-Miqyās* sur les rives du Nil au Caire le 19 *Jumādā* I 911 H (20 octobre 1505) et fut enterré aux côtés de son père.

BIOGRAPHIE DE L'AUTEUR

Au nom d'*Allāh* le Tout-Miséricordieux, le Très-Miséricordieux. Les louanges sont à *Allāh,* Seigneur des mondes. Qu'*Allāh* prie sur le nôtre maitre (*sayyidinā*) ***Muḥammad* qui a clos** (*al-khātimi*) **ce qui a précédé** (*limā sabaqa*).

Ensuite : Nous implorons *Allāh* pour qu'Il nous accorde la grâce lorsque nous comparaitrons devant Lui. Et qu'Il fasse que ce modeste travail soit pour Sa généreuse Face uniquement, une aumône courante et qu'il soit également source de miséricorde pour le faible serviteur d'*Allāh* : *Hichām al-Mālikī* qui a tant besoin de la miséricorde divine étant abattu du peu d'œuvres et de pratiques pieuses à son actif.

Voici donc un essai de traduction de la célèbre réponse juridique (*fatwā*) de l'*Imām* d'*Al-Suyūṭī* répondant à ceux niant la vision du Prophète (ﷺ) à l'état d'éveil, différente de celle en rêve. Cette *Fatwā* se situe dans le second volume de son recueil de *Fatwā* « *Al-ḥāwī lil-fatāwī* ».

Avant de procéder, nous citerons seulement ce qu'a écrit le célèbre commentateur de la « *Risālah* » d'*Ibn Abī Zayd* : *al-Nafrāwī* dans son livre « *Al-Fawākih al-Diwānī* » (2/360) :

« Il est permis de le voir, prière et salut d'*Allāh* sur lui, à l'état d'éveil (*yaqaẓah*) ainsi qu'en rêve, selon le consensus des maîtres du *ḥādīth* (*ḥuffāẓ*). Ils n'ont divergé que sur le fait de savoir si ce qu'on voyait était sa noble entité véritable ou bien une figuration qui en tient lieu ? »

مجاميع تيمور
٢١

تنوير الحلك في امكان روية النبي والملك

بسم الله الرحمن الرحيم الحمد لله وسلام على عباده الذين اصطفى
وبعد فقد كثر السوال عن روية ارباب الاحوال للنبي صلى الله عليه وسلم
في اليقظة وان طايفة من اهل العصر ممن لا قدم لهم في العلم
بالغوا في ذلك والتعجب منه وادعوا انه مستحيل فالفت هذه
الكراسة في ذلك وسميتها تنوير الحلك في امكان روية
النبي والملك وبدا بالحديث الصحيح الوارد في ذلك اخرج
البخاري ومسلم وابو داود عن ابي هريرة رضي الله عنه قال قال
رسول الله صلى الله عليه وسلم من راني في المنام فسيراني في اليقظة
ولا يتمثل الشيطان بي واخرج الطبراني مثله من حديث مالك
قتادة ابن عبد الله الخثعمي ومن حديث ابي بكرة واخرج الدارمي
مثله من حديث ابي قتادة قال العلما اختلف في معنى قوله
فسيراني في اليقظة فقيل معناه فسيراني في القيامة وتعقب
بانه لا فايدة في هذا التخصيص لان كل امته يرونه يوم القيامة
من راه منهم ومن لم يره وقيل المراد من امن به في حياته ولم
يره لكونه حينيذ غايبا عنه فيكون مبشرا له انه لا بد ان يراه
في اليقظة قبل موته وقال قوم هو على ظاهره فمن راه في النوم
لا بد ان يراه في اليقظة يعني بعيني راسه وقيل بعين في قلبه
حكاهما القاضي ابو بكر بن العربي وقال الامام ابو محمد بن
ابي جمرة في تعليقه على الاحاديث التي انتقاها من البخاري
هذا الحديث يدل على ان من راه صلى الله عليه وسلم في النوم
فسيراه في اليقظة وهل هذا على عمومه في حياته وبعد مماته

Figure 1 - Première page du manuscrit de la Fatwā se trouvant à la Banque nationale et archives d'Égypte

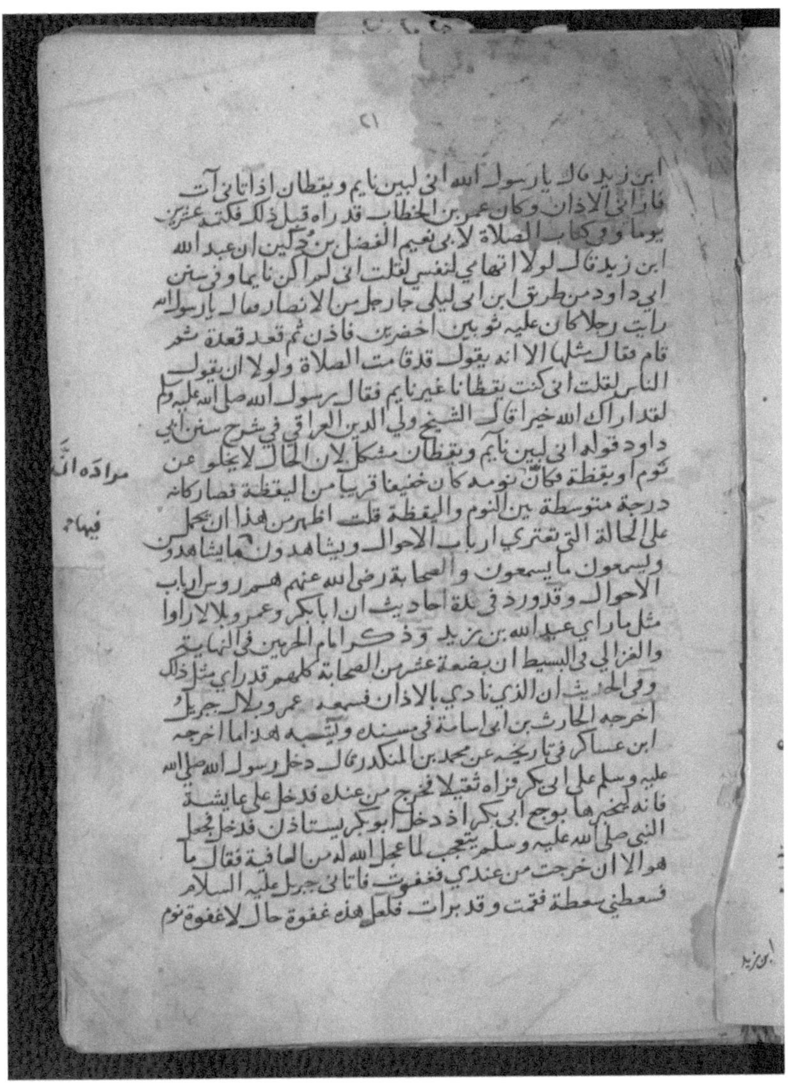

٢١

ابن زيد قال يا رسول الله اني لبين نايم ويقظان اذ اتاني آت
فاراني الاذان وكان عمر بن الخطاب قد راه قبل ذلك فكتمه عشرين
يوما وفي كتاب الصلاة لابي نعيم الفضل بن دكين ان عبد الله
ابن زيد قال لولا اتهامي لنفسي لقلت اني لم اكن نايما وفي سنن
ابي داود من طريق ابن ابي ليلى جا رجل من الانصار فقال يا رسول الله
رايت رجلا كان عليه ثوبين اخضرين فاذن ثم قعد قعدة ثم
قام فقال مثلها الا انه يقول قد قامت الصلاة ولولا ان يقول
الناس لقلت اني كنت يقظانا غير نايم فقال رسول الله صلى الله عليه وسلم
لقد اراك الله خيرا قال الشيخ ولي الدين العراقي في شرح سنن ابي
داود قوله اني لبين نايم ويقظان مشكل لان الحال لا يخلو عن
نوم او يقظة فكان نومه كان خفيفا قريبا من اليقظة فصار كانه
درجة متوسطة بين النوم واليقظة قلت اظهر من هذا ان يحمل
على الحالة التي تعتري ارباب الاحوال ويشاهدون ما يشاهدون
ويسمعون ما يسمعون والصحابة رضي الله عنهم هم رؤوس ارباب
الاحوال وقد ورد في عدة احاديث ان ابا بكر وعمر وبلالا راوا
مثل ما راى عبد الله بن زيد وذكر امام الحرمين في النهاية
والغزالي في البسيط ان بضعة عشر من الصحابة كلهم قد راى مثل ذلك
وفي الحديث ان الذي نادى بالاذان فسمعه عمر وبلال جبريل
اخرجه الحارث بن ابي اسامة في مسنده ويشبه هذا ما اخرجه
ابن عساكر في تاريخه عن محمد بن المنكدر قال دخل رسول الله صلى الله
عليه وسلم على ابي بكر فراه ثقيلا فخرج من عنده فدخل على عايشة
فانه ليخبرها بوجع ابي بكر اذ دخل ابو بكر يستاذن فدخل فجعل
النبي صلى الله عليه وسلم يتعجب لما عجل الله له من العافية فقال ما
هو الا ان خرجت من عندي فغفوت فاتاني جبريل عليه السلام
فسعطني سعطة فقمت وقد برات فلعل هذه غفوة حال لا غفوة نوم

Figure 2 - Dernière page du manuscrit de la Fatwā se trouvant à la Banque nationale et archives d'Égypt

Le maître, juriste, *Imām*, érudit, gnostique, *Abū ʿAbd al-Raḥmān al-Suyūṭī al-Shāfiʿī al-Ashʿarī al-Shādhilī* (ﷺ) a dit :

u nom d'*Allāh*, le Tout-Miséricordieux, le Très-Miséricordieux. La louange est à *Allāh* et que le salut soit sur Ses serviteurs qu'Il a élus.

Ceci étant dit, les questions se multiplient concernant la vision du Prophète (ﷺ) à l'état d'éveil (*yaqaẓah*) par les « maitres des états [spirituels] » (*arbāb al-aḥwāl*). Un groupe de cette époque, parmi ceux n'étant pas ancrés dans la science, rejette vigoureusement ceci, trouvant cela sidérant et prétendant que cela est une impossibilité.

J'ai donc écrit ces feuillets concernant ce sujet et les ai nommés : « **L'illumination des ténèbres sur la possibilité de voir le Prophète et les anges.** »

Nous commencerons par le récit authentique rapporté à ce ce sujet. *Al-Bukhārī*, *Muslim*, *Abū Dāwud* ont rapporté d'après *Abū Hurayra* (ﷺ) qu'il a dit :

« Le Messager d'*Allāh* (ﷺ) a dit : « **Celui qui me voit durant le sommeil me verra alors à l'état d'éveil** (*yaqaẓah*) **et Satan ne peut pas prendre mon apparence.** »

Al-Ṭabarānī a rapporté quelque chose de semblable d'après le récit de *Mālik b. ʿAbdallāh al-Khathʿamī* et d'après le récit d'*Abū Bakrah*. Et *al-Dārimī* a rapporté quelque chose de semblable d'après le récit d'*Abū Qatādah* [*al-Anṣārī*].

Les savants sont d'avis qu'il y avait divergence concernant la signification de ces paroles : « **Me verra alors à l'état d'éveil** (*yaqaẓah*). »

بسم الله الرحمن الرحيم

فَالَ الشَّيْخُ الْفَقِيهُ الإمَامُ الْعَلَّامَةُ الْعَارِفُ بِاللهِ أَبُو عَبْدِ الرَّحْمَن جَلَال الدِّين السُّيُوطِي الشَّافِعِي الْأَشْعَرِي الشَّاذِلِي رضي الله عنه :

بِسْمِ اللَّهِ الرَّحْمَنِ الرَّحِيمِ. الْحَمْدُ لِلَّهِ وَسَلَامٌ عَلَى عِبَادِهِ الَّذِينَ اصْطَفَى.

وَبَعْدُ : فَقَدْ كَثُرَ السُّؤَالُ عَنْ رُؤْيَةِ أَرْبَابِ الْأَحْوَالِ لِلنَّبِيِّ ﷺ فِي الْيَقَظَةِ، وَإِنَّ طَائِفَةً مِنْ أَهْلِ الْعَصْرِ مِمَّنْ لَا قَدَمَ لَهُمْ فِي الْعِلْمِ بَالَغُوا فِي إِنْكَارِ ذَلِكَ وَالتَّعَجُّبِ مِنْهُ وَادَّعَوْا أَنَّهُ مُسْتَحِيلٌ.

فَأَلَّفْتُ هَذِهِ الْكُرَّاسَةَ فِي ذَلِكَ وَسَمَّيْتُهَا : **تَنْوِيرُ الْحَلَكِ فِي إِمْكَانِ رُؤْيَةِ النَّبِيِّ وَالْمَلَكِ.**

وَنَبْدَأُ بِالْحَدِيثِ الصَّحِيحِ الْوَارِدِ فِي ذَلِكَ : أَخْرَجَ الْبُخَارِيُّ وَمُسْلِمٌ وأبو داود عَنْ أَبِي هُرَيْرَةَ رضي الله عنه قَالَ :

قَالَ رَسُولُ اللَّهِ ﷺ: **مَنْ رَآنِي فِي الْمَنَامِ فَسَيَرَانِي فِي الْيَقَظَةِ وَلَا يَتَمَثَّلُ الشَّيْطَانُ بِي.**

وَأَخْرَجَ الطَّبَرَانِيُّ مِثْلَهُ مِنْ حَدِيثِ مَالِكِ بْنِ عَبْدِ اللَّهِ الْخَثْعَمِيِّ ، وَمِنْ حَدِيثِ أَبِي بكرة ، وَأَخْرَجَ الدَّارِمِيُّ مِثْلَهُ مِنْ حَدِيثِ أَبِي قَتَادَةَ [الْأَنْصَارِيِّ]

قَالَ الْعُلَمَاءُ : اخْتَلَفُوا فِي مَعْنَى قَوْلِهِ **فَسَيَرَانِي فِي الْيَقَظَةِ.**

Il a été dit que sa signification était : « Il me verra le jour du jugement », mais cet avis est critiqué comme étant futile puisque c'est une spécification (*takhṣīṣ*) alors que toute sa communauté le verra le jour du jugement, ceux l'ayant déjà vu tout comme ceux ne l'ayant pas vu.

Et il a été dit que ce qui est voulu est : « Ceux qui ont confiance en lui durant son vivant et qui ne l'ont pas vu, car ils n'étaient pas présents ont la bonne nouvelle qu'ils le verront à l'état d'éveil (*yaqaẓah*) avant qu'ils ne meurent. »

Un groupe de personnes a dit qu'il fallait prendre [ces paroles] au sens littéral et ainsi quiconque le voit dans son rêve le verra à l'état d'éveil (*yaqaẓah*) — c'est-à-dire : avec les yeux de sa tête.

Et il a été dit : « [Il le verra] avec l'œil du cœur », ces deux opinions ont été rapportées du *Qāḍī Abū Bakr b. al-ʿArabī.*

Et l'*Imām Abū Muḥammad b. Abī Jamrah* a dit dans ses annotations sur les récits choisis dans l'[authentique] d'*al-Bukhārī* :

« Ce récit prouve que celui qui le (ﷺ) voit dans son rêve, le verra à l'état d'éveil (*yaqaẓah*). Mais cette déclaration s'étend-elle de son vivant jusqu'après sa mort ? Ou bien se limite-t-elle à son vivant ? Et est-ce valable pour toute personne l'ayant vu ou est-ce un privilège exclusif pour ses partisans suivant sa (ﷺ) Sunnah ? La formulation semble générale et quiconque prétend que cela est spécifique sans qu'il (ﷺ) ne l'ait spécifié, a alors transgressé. »

Il dit [également] : « Certaines personnes refusèrent d'accepter la portée générale. Puis ils dirent, de par ce que leur intelligence leur permettait : 'Comment quelqu'un de vivant pourrait-il voir un mort dans le monde visible ?' »

فَقِيلَ : مَعْنَاهُ فَسَيَرَانِي فِي الْقِيَامَةِ ، وَتُعُقِّبَ بِأَنَّهُ بِلَا فَائِدَةٍ فِي هَذَا التَّخْصِيصِ لِأَنَّ كُلَّ أُمَّتِهِ يَرَوْنَهُ يَوْمَ الْقِيَامَةِ مَنْ رَآهُ مِنْهُمْ وَمَنْ لَمْ يَرَهُ.

وَقِيلَ : الْمُرَادُ مَنْ آمَنَ بِهِ فِي حَيَاتِهِ وَلَمْ يَرَهُ لِكَوْنِهِ حِينَئِذٍ غَائِبًا عَنْهُ فَيَكُونُ مُبَشِّرًا لَهُ أَنَّهُ لَا بُدَّ أَنْ يَرَاهُ فِي الْيَقَظَةِ قَبْلَ مَوْتِهِ.

وَقَالَ قَوْمٌ هُوَ عَلَى ظَاهِرِهِ فَمَنْ رَآهُ فِي النَّوْمِ فَلَا بُدَّ أَنْ يَرَاهُ فِي الْيَقَظَةِ – يَعْنِي بِعَيْنَيْ رَأْسِهِ.

وَقِيلَ : بِعَيْنٍ فِي قَلْبِهِ، حَكَاهُمَا الْقَاضِي أَبُو بَكْرِ بْنُ الْعَرَبِيِّ.

وَقَالَ الْإِمَامُ أبو محمد بن أبي جمرة فِي تَعْلِيقِهِ عَلَى الْأَحَادِيثِ الَّتِي انْتَقَاهَا مِنَ الْبُخَارِيِّ :

هَذَا الْحَدِيثُ يَدُلُّ عَلَى أَنَّهُ مَنْ رَآهُ ﷺ فِي النَّوْمِ فَسَيَرَاهُ فِي الْيَقَظَةِ ، وَهَلْ هَذَا عَلَى عُمُومِهِ فِي حَيَاتِهِ وَبَعْدَ مَمَاتِهِ، أَوْ هَذَا كَانَ فِي حَيَاتِهِ ؟ وَهَلْ ذَلِكَ لِكُلِّ مَنْ رَآهُ مُطْلَقًا أَوْ خَاصٌّ بِمَنْ فِيهِ الْأَهْلِيَّةُ وَالِاتِّبَاعُ لِسُنَّتِهِ عَلَيْهِ السَّلَامُ ؟ اللَّفْظُ يُعْطِي الْعُمُومَ، وَمَنْ يَدَّعِي الْخُصُوصَ فِيهِ بِغَيْرِ مُخَصِّصٍ مِنْهُ ﷺ فَمُتَعَسِّفٌ.

قَالَ : وَقَدْ وَقَعَ مِنْ بَعْضِ النَّاسِ عَدَمُ التَّصْدِيقِ بِعُمُومِهِ، وَقَالَ عَلَى مَا أَعْطَاهُ عَقْلُهُ : وَكَيْفَ يَكُونُ مَنْ قَدْ مَاتَ يَرَاهُ الْحَيُّ فِي عَالَمِ الشَّاهِدِ ؟

Il répondit : « Cette parole lève deux possibilités dangereuses. La première est le refus d'attester la parole du Véridique (ﷺ) qui ne parle pas sous l'effet de la passion.

La deuxième est l'ignorance et la minimisation du pouvoir du Tout-Puissant. C'est comme s'il n'avait pas entendu dans la sourate « La Vache » l'histoire de la vache lorsqu'*Allāh* dit : ﴾ ***Frappez-le avec un de ses membres. C'est comme cela qu'Allāh ressuscite les morts*** ﴿ [S.2/V.73], l'histoire d'Abraham (ﷺ) avec les quatre oiseaux et enfin l'histoire de *ʿUzayr*.

Celui qui fit que la cause de la résurrection de [l'homme] mort fut le fait de le frapper avec une partie de la vache, qui fit de l'invocation d'Abraham la cause de la résurrection des oiseaux, qui fit de l'abasourdissement de *ʿUzayr* la cause de sa mort et de celle de son âne et puis qu'ils furent ressuscités après cent ans ; est aussi capable de faire que sa vision (ﷺ) dans un rêve soit la cause de sa vision à l'état d'éveil (*yaqaẓah*).

Il est mentionné qu'un certain compagnon, que je pense être *Ibn ʿAbbās* (ﷺ), vit le Prophète (ﷺ) dans un rêve puis se souvint de ce récit et qu'il n'arrêtait pas d'y penser. Ensuite, il alla voir une des épouses du Prophète, que je suppose être *Maymūnah*, et lui raconta son histoire. Alors elle se leva et apporta son miroir (ﷺ) et il (ﷺ) dit : **'J'ai regardé dans son miroir et j'ai vu l'image du Prophète (ﷺ) et non pas mon propre reflet.'** »

Il rajoute : « Il est rapporté d'après certains prédécesseurs (*salaf*), de ceux qui les suivirent (*khalaf*) et ainsi de suite, qu'ils le virent (ﷺ) dans un rêve et attestaient la véracité de ce récit. Ils le virent après cela à l'état d'éveil et lui posaient des questions qui leur étaient problématiques, résolvait leurs ambiguïtés et les informaient de la manière par laquelle ils devaient surmonter les difficultés. Cet évènement est parvenu ainsi sans rajout ni diminution. »

قَالَ : وَفِي قَوْلِ هَذَا الْقَوْلِ مِنَ الْمَحْذُورِ وَجْهَانِ خَطِرَانِ ، أَحَدُهُمَا : عَدَمُ التَّصْدِيقِ لِقَوْلِ الصَّادِقِ ﷺ الَّذِي لَا يَنْطِقُ عَنِ الْهَوَى.

وَالثَّانِي : الْجَهْلُ بِقُدْرَةِ الْقَادِرِ وَتَعْجِيزِهَا كَأَنَّهُ لَمْ يَسْمَعْ فِي سُورَةِ الْبَقَرَةِ قِصَّةَ الْبَقَرَةِ وَكَيْفَ قَالَ اللَّهُ تَعَالَى ﴿ **اضْرِبُوهُ بِبَعْضِهَا كَذَلِكَ يُحْيِي اللَّهُ الْمَوْتَى** ﴾ وَقِصَّةَ إِبْرَاهِيمَ ﷺ فِي الْأَرْبَعِ مِنَ الطَّيْرِ ، وَقِصَّةَ عُزَيْرٍ ، فَالَّذِي جَعَلَ ضَرْبَ الْمَيِّتِ بِبَعْضِ الْبَقَرَةِ سَبَبًا لِحَيَاتِهِ ، وَجَعَلَ دُعَاءَ إِبْرَاهِيمَ سَبَبًا لِإِحْيَاءِ الطُّيُورِ ، وَجَعَلَ تَعَجُّبَ عُزَيْرٍ سَبَبًا لِمَوْتِهِ وَمَوْتِ حِمَارِهِ ثُمَّ لِإِحْيَائِهِمَا بَعْدَ مِائَةِ سَنَةٍ - قَادِرٌ أَنْ يَجْعَلَ رُؤْيَتَهُ ﷺ فِي النَّوْمِ سَبَبًا لِرُؤْيَتِهِ فِي الْيَقَظَةِ.

وَقَدْ ذُكِرَ عَنْ بَعْضِ الصَّحَابَةِ - أَظُنُّهُ ابْنَ عَبَّاسٍ رَضِيَ اللَّهُ عَنْهُمَا - أَنَّهُ رَأَى النَّبِيَّ ﷺ فِي النَّوْمِ فَتَذَكَّرَ هَذَا الْحَدِيثَ وَبَقِيَ يُفَكِّرُ فِيهِ ثُمَّ دَخَلَ عَلَى بَعْضِ أَزْوَاجِ النَّبِيِّ - أَظُنُّهَا ميمونة - فَقَصَّ عَلَيْهَا قِصَّتَهُ ، فَقَامَتْ وَأَخْرَجَتْ لَهُ مِرْآتَهُ ﷺ قَالَ رَضِيَ اللَّهُ عَنْهُ : فَنَظَرْتُ فِي الْمِرْآةِ فَرَأَيْتُ صُورَةَ النَّبِيِّ ﷺ وَلَمْ أَرَ لِنَفْسِي صُورَةً.

قَالَ : وَقَدْ ذُكِرَ عَنْ بَعْضِ السَّلَفِ وَالْخَلْفِ وَهَلُمَّ جَرًّا [عَنْ جَمَاعَةٍ] مِمَّنْ كَانُوا رَأَوْهُ ﷺ فِي النَّوْمِ وَكَانُوا مِمَّنْ يُصَدِّقُونَ بِهَذَا الْحَدِيثِ فَرَأَوْهُ بَعْدَ ذَلِكَ فِي الْيَقَظَةِ وَسَأَلُوهُ عَنْ أَشْيَاءَ كَانُوا مِنْهَا مُتَشَوِّشِينَ فَأَخْبَرَهُمْ بِتَفْرِيجِهَا وَنَصَّ لَهُمْ عَلَى الْوُجُوهِ الَّتِي مِنْهَا يَكُونُ فَرَجُهَا ، فَجَاءَ الْأَمْرُ كَذَلِكَ بِلَا زِيَادَةٍ وَلَا نَقْصٍ

Il rajoute : « Le refus de cela [la vision à l'état d'éveil] n'est pas anodin, car soit on atteste des prodiges (*karāmāt*) des saints, soit on les renie. Ainsi, si l'on renie cela, alors il n'y a pas besoin de débattre avec celui qui tient une telle opinion, car il refuse ce qui est fermement établi dans la *Sunnah* avec des preuves claires. Et si l'on y croit alors cela est semblable [à un prodige], car les saints disposent de dévoilement (*kashf*) concernant les choses dans les différents mondes célestes et terrestres. On ne peut donc refuser ceci [la vision à l'état d'éveil] tout en attestant la véracité de cela [les dévoilements dont disposent les saints]. » Fin de citation d'*Ibn Abī Jamra.*

Sa parole [à *Ibn Abī Jamra*] : « **Et cela est général et n'est pas une particularité de ceux qui sont ses partisans et qui suivent sa Sunnah** (ﷺ) » signifie que l'occurrence de la vision est promise à l'état d'éveil (*yaqaẓah*) pour ceux qui le voient dans un rêve même si ce n'est qu'une seule fois et cela vérifie sa noble promesse qui est toujours tenue.

Pour beaucoup de gens du commun, cela survient durant l'agonie, avant leur mort. Ainsi, leur âme ne quitte pas leur corps tant qu'ils ne le voient pas et ainsi, sa promesse est tenue. Quant aux autres, ils reçoivent la possibilité de le voir durant leur vivant que ce soit fréquemment ou rarement ; tout cela dépendamment de leurs efforts et de leur attachement à la *Sunnah.* La transgression de la *Sunnah* est une grande cause qui empêche cela.

Muslim a rapporté dans son authentique d'après *Muṭarrif* qu'il a dit : *ʿImrān b. Ḥuṣayn* m'a dit : « **Par ailleurs on me saluait jusqu'à ce que je me cautérisai. Puis, on ne me salua plus. Ensuite, ayant abandonné la cautérisation, cela reprit.** »

قَالَ: وَالْمُنْكِرُ لِهَذَا لَا يَخْلُو إِمَّا أَنْ يُصَدِّقَ بِكَرَامَاتِ الْأَوْلِيَاءِ أَوْ يُكَذِّبَ بِهَا، فَإِنْ كَانَ مِمَّنْ يُكَذِّبُ بِهَا فَقَدْ سَقَطَ الْبَحْثُ مَعَهُ فَإِنَّهُ يُكَذِّبُ مَا أَثْبَتَتْهُ السُّنَّةُ بِالدَّلَائِلِ الْوَاضِحَةِ، وَإِنْ كَانَ مُصَدِّقًا بِهَا فَهَذِهِ مِنْ ذَلِكَ الْقَبِيلِ لِأَنَّ الْأَوْلِيَاءَ يُكْشَفُ لَهُمْ بِخَرْقِ الْعَادَةِ عَنْ أَشْيَاءَ فِي الْعَالَمَيْنِ الْعُلْوِيِّ وَالسُّفْلِيِّ عَدِيدَةٍ، فَلَا يُنْكَرُ هَذَا مَعَ التَّصْدِيقِ بِذَلِكَ، انْتَهَى كَلَامُ ابْنِ أَبِي جَمْرَةَ.

وَقَوْلُهُ: **إِنَّ ذَلِكَ عَامٌّ وَلَيْسَ بِخَاصٍّ بِمَنْ فِيهِ الْأَهْلِيَّةُ وَالِاتِّبَاعُ لِسُنَّتِهِ ﷺ** مُرَادُهُ وُقُوعُ الرُّؤْيَةِ الْمَوْعُودِ بِهَا فِي الْيَقَظَةِ عَلَى الرُّؤْيَةِ فِي الْمَنَامِ وَلَوْ مَرَّةً وَاحِدَةً تَحْقِيقًا لِوَعْدِهِ الشَّرِيفِ الَّذِي لَا يُخْلَفُ.

وَأَكْثَرُ مَا يَقَعُ ذَلِكَ لِلْعَامَّةِ قُبَيْلَ الْمَوْتِ عِنْدَ الِاحْتِضَارِ، فَلَا يَخْرُجُ رُوحُهُ مِنْ جَسَدِهِ حَتَّى يَرَاهُ وَفَاءً بِوَعْدِهِ، وَأَمَّا غَيْرُهُمْ فَتَحْصُلُ لَهُمُ الرُّؤْيَةُ فِي طُولِ حَيَاتِهِمْ إِمَّا كَثِيرًا وَإِمَّا قَلِيلًا بِحَسْبِ اجْتِهَادِهِمْ وَمُحَافَظَتِهِمْ عَلَى السُّنَّةِ، وَالْإِخْلَالُ بِالسُّنَّةِ مَانِعٌ كَبِيرٌ.

أَخْرَجَ مُسْلِمٌ فِي صَحِيحِهِ عَنْ مُطَرِّفٍ قَالَ: قَالَ لِي عِمْرَانُ بْنُ حُصَيْنٍ: **قَدْ كَانَ يُسَلِّمُ عَلَيَّ حَتَّى اكْتَوَيْتُ فَتَرَكَ ثُمَّ تَرَكْتُ الْكَيَّ فَعَادَ**

Et *Muslim* a rapporté à un autre endroit d'après *Muṭarrif* qui a dit : « *ʿImrān b. Ḥuṣayn* m'envoya durant sa maladie de laquelle il est mort et dit : **'Je te rapporte certains récits en espérant qu'*Allāh* t'en fera profiter après moi. Si je survis, ne dévoile pas mon secret. Mais si je meurs, tu peux le rapporter à volonté : Sache qu'on m'a salué !'** »

Al-Nawawī a dit dans son commentaire de *Muslim* : « La signification du premier récit est que *ʿImrān b. Ḥuṣayn* souffrait d'hémorroïdes et endurait le mal. Les anges le saluaient alors. Puis lorsqu'il se cautérisa, ils cessèrent de le saluer. Ensuite, il renonça à la cautérisation et les anges reprirent sa salutation. »

Il dit [également] : « Et concernant sa parole dans le second récit **'Si je survis, ne dévoile pas mon secret'**, il entend par cela le fait qu'il recevait le salut [des anges] ; et il n'aimait pas que cette information se répande de son vivant par crainte de s'exposer aux sentiments de suffisance et d'orgueil. Chose qu'il ne risquait pas une fois mort. » [Fin de citation]

Al-Qurṭubī a dit dans le commentaire de *Muslim* : « Cela signifie que les anges le saluaient par respect envers lui et ils le respectaient jusqu'à ce qu'il se cautérise, alors ils arrêtèrent de le saluer. Il y a donc dedans [ce récit] l'établissement des prodiges (*karāmāt*) des saints. » Fin de citation.

Al-Ḥākim a rapporté dans le « *Mustadrak* » en l'authentifiant d'après la voie de *Muṭarrif b. ʿAbdillāh* d'après *ʿImrān b. Ḥuṣayn* qui a dit :

« Saches, ô *Muṭarrif* que les anges me saluaient au-dessus de ma tête et dans la maison et à la porte de la chambre. Lorsque je me cautérisai, ils arrêtèrent cela. » Il dit : « Il justifia alors ses paroles » Il dit alors : **« Sache, ô *Muṭarrif* qu'ils revinrent lorsque j'ai arrêté cela. Garde cela jusqu'à ma mort. »**

وَأَخْرَجَ مُسْلِمٌ مِنْ وَجْهٍ آخَرَ عَنْ مُطَرِّف قَالَ: بَعَثَ إِلَيَّ عِمْرَانُ بْنُ حُصَيْنٍ فِي مَرَضِهِ الَّذِي تُوُفِّيَ [فِيهِ] فَقَالَ: **إِنِّي مُحَدِّثُكَ فَإِنْ عِشْتُ فَاكْتُمْ عَنِّي وَإِنْ مُتُّ فَحَدِّثْ بِهَا إِنْ شِئْتَ، إِنَّهُ قَدْ سُلِّمَ عَلَيَّ.**

قَالَ النووي فِي شَرْحِ مُسْلِمٍ:مَعْنَى الْحَدِيثِ الْأَوَّلِ أَنَّ عِمْرَانَ بْنَ حُصَيْنٍ كَانَتْ بِهِ بَوَاسِيرُ فَكَانَ يَصْبِرُ عَلَى أَلَمِهَا، وَكَانَتِ الْمَلَائِكَةُ تُسَلِّمُ عَلَيْهِ وَاكْتَوَى وَانْقَطَعَ سَلَامُهُمْ عَلَيْهِ، ثُمَّ تَرَكَ الْكَيَّ فَعَادَ سَلَامُهُمْ عَلَيْهِ.

قَالَ: وَقَوْلُهُ فِي الْحَدِيثِ الثَّانِي: **فَإِنْ عِشْتُ فَاكْتُمْ عَنِّي**، أَرَادَ بِهِ الْإِخْبَارَ بِالسَّلَامِ عَلَيْهِ؛ لِأَنَّهُ كَرِهَ أَنْ يُشَاعَ عَنْهُ ذَلِكَ فِي حَيَاتِهِ لِمَا فِيهِ مِنَ التَّعَرُّضِ لِلْفِتْنَةِ بِخِلَافِ مَا بَعْدَ الْمَوْتِ.

وَقَالَ القرطبي فِي شَرْحِ مُسْلِمٍ: يَعْنِي أَنَّ الْمَلَائِكَةَ كَانَتْ تُسَلِّمُ عَلَيْهِ إِكْرَامًا لَهُ وَاحْتِرَامًا إِلَى أَنِ اكْتَوَى فَتَرَكَتِ السَّلَامَ عَلَيْهِ، فَفِيهِ إِثْبَاتُ كَرَامَاتِ الْأَوْلِيَاءِ. انْتَهَى.

وَأَخْرَجَ الحاكم فِي الْمُسْتَدْرَكِ وَصَحَّحَهُ مِنْ طَرِيقِ مُطَرِّفِ بْنِ عَبْدِ اللَّهِ عَنْ عِمْرَانَ بْنِ حُصَيْنٍ قَالَ :

اعْلَمْ يَا مطرف أَنَّهُ كَانَتْ تُسَلِّمُ عَلَيَّ الْمَلَائِكَةُ عِنْدَ رَأْسِي وَعِنْدَ الْبَيْتِ وَعِنْدَ بَابِ الْحُجْرَةِ، فَلَمَّا اكْتَوَيْتُ ذَهَبَ ذَاكَ، قَالَ: فَلَمَّا بَرَأَ كَلَّمَهُ، قَالَ: **اعْلَمْ يَا مطرف أَنَّهُ عَادَ إِلَيَّ الَّذِي كُنْتُ أَفْقِدُ، اكْتُمْ عَلَيَّ حَتَّى أَمُوتَ.**

Observez comment *ʿImrān* était voilé du fait d'entendre le salut des anges à cause de sa cautérisation et la nécessité qu'il dévoile que la cautérisation est contraire à la *Sunnah.*

Al-Bayhaqī dans « *Shuʿab al-īmān* » a dit de la cautérisation : « Si la cautérisation était prohibée de manière strictement interdite, *ʿImrān* ne se serait pas cautérisé tout en sachant cette prohibition. Plutôt, elle est déconseillée (*makrūh*) et il se distinguait par le fait que les anges le saluaient ce qui le chagrina. Ensuite, il dit ces paroles et rapporta par la suite qu'ils revinrent avant sa mort. » Fin de citation.

Ibn al-Athīr a dit dans « *Al-Nihāyah* » : « Cela signifie que les anges le saluaient et que la cautérisation fut la raison pour laquelle ils s'arrêtèrent de le saluer. Cela, car la cautérisation obstrue la remise confiante en *Allāh* (*tawakkul*), la patience dans l'affliction du serviteur et la recherche de la guérison auprès de Lui. Cela n'empêche pas que la cautérisation soit permise, mais elle s'oppose à la remise confiante en *Allāh*, qui est un degré élevé à l'opposé direct des différentes causes (*asbāb*) [qu'on peut utiliser pour se soigner dans notre cas]. »

Ibn Saʿd a rapporté dans « *al-Ṭabaqāt* » d'après *Qatādah* : « Les anges serraient la main de *ʿImrān b. Ḥuṣayn* jusqu'à ce qu'il se cautérise ; alors ils s'éloignèrent de lui. »

Abū Nuʿaym dans « *Dalā'il al-nubuwwa* » d'après *Yaḥyā b. Saʿīd al-Qaṭṭān* qui a dit : « Nous n'avons pas reçu à *Baṣrah* la visite d'un meilleur compagnon que *ʿImrān b. Ḥuṣayn* : les anges venaient de chaque côté de sa maison pour le saluer, et ce pendant trente ans. »

فَانْظُرْ كَيْفَ حُجِبَ عمران عَنْ سَمَاعِ تَسْلِيمِ الْمَلَائِكَةِ لِكَوْنِهِ اكْتَوَى مَعَ شِدَّةِ الضَّرُورَةِ الدَّاعِيَةِ إِلَى ذَلِكَ؛ لِأَنَّ الْكَيَّ خِلَافُ السُّنَّةِ.

قَالَ الْبَيْهَقِيُّ فِي شُعَبِ الْإِيمَانِ: لَوْ كَانَ النَّهْيُ عَنِ الْكَيِّ عَلَى طَرِيقِ التَّحْرِيمِ لَمْ يَكْتَوِ عمران مَعَ عِلْمِهِ بِالنَّهْيِ، غَيْرَ أَنَّهُ رَكِبَ الْمَكْرُوهَ فَفَارَقَهُ مَلَكٌ كَانَ يُسَلِّمُ عَلَيْهِ فَحَزِنَ عَلَى ذَلِكَ وَقَالَ هَذَا الْقَوْلَ، ثُمَّ قَدْ رُوِيَ أَنَّهُ عَادَ إِلَيْهِ قَبْلَ مَوْتِهِ. انْتَهَى.

وَقَالَ ابْنِ الْأَثِيرِ فِي النِّهَايَةِ: يَعْنِي أَنَّ الْمَلَائِكَةَ كَانَتْ تُسَلِّمُ عَلَيْهِ فَلَمَّا اكْتَوَى بِسَبَبِ مَرَضِهِ تَرَكُوا السَّلَامَ عَلَيْهِ؛ لِأَنَّ الْكَيَّ يَقْدَحُ فِي التَّوَكُّلِ وَالتَّسْلِيمِ إِلَى اللَّهِ وَالصَّبْرِ عَلَى مَا يُبْتَلَى بِهِ الْعَبْدُ، وَطَلَبُ الشِّفَاءِ مِنْ عِنْدِهِ، وَلَيْس ذَلِكَ قَادِحًا فِي جَوَازِ الْكَيِّ، وَلَكِنَّهُ قَادِحٌ فِي التَّوَكُّلِ وَهِيَ دَرَجَةٌ عَالِيَةٌ وَرَاءَ مُبَاشَرَةِ الْأَسْبَابِ.

وَأَخْرَجَ ابْنِ سَعْد فِي الطَّبَقَاتِ عَنْ قَتَادَةَ أَنَّ الْمَلَائِكَةَ كَانَتْ تُصَافِحُ عِمْرَانَ بْنَ حُصَيْنٍ حَتَّى اكْتَوَى فَتَنَحَّتْ عَنْهُ.

وَأَخْرَجَ أبو نعيم فِي دَلَائِلِ النُّبُوَّةِ عَنْ يَحْيَى بْنِ سَعِيدٍ الْقَطَّانِ قَالَ: مَا قَدِمَ عَلَيْنَا الْبَصْرَةَ مِنَ الصَّحَابَةِ أَفْضَلُ مِنْ عِمْرَانَ بْنِ حُصَيْنٍ أَتَتْ عَلَيْهِ ثَلَاثُونَ سَنَةً تُسَلِّمُ عَلَيْهِ الْمَلَائِكَةُ مِنْ جَوَانِبِ بَيْتِهِ.

Al-Tirmidhī a rapporté dans son « *Tārikh* », *Abū Nu'aym*, et *al-Bayhaqī* dans « *Dalā'il al-nubuwwa* » d'après *Ghazālah* qui a dit : « *'Imrān b. Ḥuṣayn* nous ordonnait de nettoyer la maison et on entendait : 'Salut sur vous ! Salut sur vous !' et nous ne voyions personne. » *Al-Tirmidhī* a dit : « Cela est la salutation des anges ».

Et la preuve de l'*Islām Abū Ḥāmid al-Ghazālī* dans le livre « *al-Munqīdh min al-Ḍalāl* » a dit :

« Puis, lorsque je finis avec ce genre de savoir, je m'intéressai à la voie des soufis (*ṭarīqah al-ṣūfiyya*). Je mentionne donc ce qui peut être profitable à travers cela. J'ai su avec certitude (*yaqīn*) que les soufis sont ceux qui suivent uniquement la voie d'*Allāh* ; leur mode de vie est le meilleur de tous, leur voie est la voie la plus droite et leur éthique la plus pure. Que l'on additionne donc la raison des raisonnables, la sagesse des sages, la science des savants de la Loi pour changer une seule chose de leur voie ou de leur comportement et le remplacer par quelque chose de meilleur, on ne pourrait pas le faire ! Car tout ce qui, en eux, bouge ou repose, leur apparence et leur for intérieur, tout s'allume à la lumière de la Prophétie dans sa lampe niche. Et il n'y a pas d'autre Lumière de la prophétie sur la face de terre. »

Jusqu'à ce qu'il [*al-Ghazālī*] dise : « En état de veille, ils contemplent les anges et les esprits des Prophètes ; ils entendent leurs voix et profitent de leurs conseils. Puis ils se haussent, de la vision d'images et de symboles, à des degrés ineffables. Nul ne peut tenter d'exprimer ces états d'âme, sans courir à l'inévitable échec. » Voilà les paroles d'*Al-Ghazālī*.

وَأَخْرَجَ التِّرْمِذِيُّ فِي تَارِيخِهِ، وأَبُو نُعَيْم، وَالْبَيْهَقِيُّ فِي دَلَائِلِ النُّبُوَّةِ عَنْ غَزَالَة قَالَتْ: كَانَ عِمْرَانُ بْنُ حُصَيْنٍ يَأْمُرُنَا أَنْ نَكْنُسَ الدَّارَ، وَنَسْمَعُ: السَّلَامُ عَلَيْكُمُ السَّلَامُ عَلَيْكُمْ، وَلَا نَرى أَحَدًا، قَالَ التِّرْمِذِيُّ: هَذَا تَسْلِيمُ الْمَلَائِكَةِ.

وَقَالَ حُجَّةُ الْإِسْلَامِ أَبُو حَامِدٍ الْغَزَالِيُّ فِي كِتَابِ الْمُنْقِذِ مِنَ الضَّلَالِ:

ثُمَّ إِنَّنِي لَمَّا فَرَغْتُ مِنَ الْعُلُومِ أَقْبَلْتُ بِهِمَّتِي عَلَى طَرِيقِ الصُّوفِيَّةِ وَالْقَدْرُ الَّذِي أَذْكُرُهُ لِيَنْتَفِعَ بِهِ ابْنِي، عَلِمْتُ يَقِينًا أَنَّ الصُّوفِيَّةَ هُمُ السَّالِكُونَ لِطُرُقِ اللَّهِ خَاصَّةً، وَأَنَّ سَيْرَهُمْ وَسِيرَتَهُمْ أَحْسَنُ السِّيَرِ، وَطَرِيقَهُمْ أَحْسَنُ الطُّرُقِ، وَأَخْلَاقَهُمْ أَزْكَى الْأَخْلَاقِ، بَلْ لَوْ جُمِعَ عَقْلُ الْعُقَلَاءِ وَحِكْمَةُ الْحُكَمَاءِ وَعِلْمُ الْوَاقِفِينَ عَلَى أَسْرَارِ الشَّرْعِ مِنَ الْعُلَمَاءِ لِيُغَيِّرُوا شَيْئًا مِنْ سِيَرِهِمْ وَأَخْلَاقِهِمْ وَيُبَدِّلُوهُ بِمَا هُوَ خَيْرٌ مِنْهُ لَمْ يَجِدُوا إِلَيْهِ سَبِيلًا، فَإِنَّ جَمِيعَ حَرَكَاتِهِمْ وَسَكَنَاتِهِمْ فِي ظَوَاهِرِهِمْ وَبَوَاطِنِهِمْ مُقْتَبَسَةٌ [مِنْ نُورِ مِشْكَاةِ النُّبُوَّةِ] وَلَيْسَ وَرَاءَ نُورِ النُّبُوَّةِ عَلَى وَجْهِ الْأَرْضِ نُورٌ يُسْتَضَاءُ بِهِ

إِلَى أَنْ قَالَ: حَتَّى إِنَّهُمْ وَهُمْ فِي يَقَظَتِهِمْ يُشَاهِدُونَ الْمَلَائِكَةَ وَأَرْوَاحَ الْأَنْبِيَاءِ وَيَسْمَعُونَ مِنْهُمْ أَصْوَاتًا وَيَقْتَبِسُونَ مِنْهُمْ فَوَائِدَ ثُمَّ يَتَرَقَّى الْحَالُ مِنْ مُشَاهَدَةِ الصُّوَرِ وَالْأَمْثَالِ إِلَى دَرَجَاتٍ يَضِيقُ عَنْهَا نِطَاقُ النُّطْقِ، هَذَا كَلَامُ الْغَزَالِيِّ.

Et son élève, le *Qāḍī Abū Bakr b. al-ʿArabī*, qui fait partie des imāms malikites, a dit dans le livre « *Qānūn al-ta'wīl* » : « Les soufis sont d'opinion que ce qui se produit parmi les individus, pour celui qui parvient à assainir son âme en purifiant son cœur, en rompant tout attachement ainsi qu'en renonçant à tout intérêt lié aux causes de ce monde comme la renommée, les biens, les commerces, les relations charnelles et la faim en se tournant vers *Allāh* le Très-Haut entièrement, d'une science continue tout en persévérant dans l'application de cette science ; alors leurs cœurs sont dévoilés, les anges ainsi que les esprits des Prophètes sont ainsi rendus audibles et visibles. »

Puis *Ibn al-ʿArabī* dit concernant cela : « La vision des Prophètes et des anges, ainsi que l'audition de leurs paroles est un prodige possible pour les croyants, tandis que pour les mécréants, c'est une punition. » Fin de citation

Le *Shaykh ʿIzz al-Dīn b. ʿAbd al-Salām* a dit dans « *al-Qawāʿid al-Kubrā* » :

« *Ibn al-Ḥājj* a dit dans « *al-Madkhal* » : 'La vision du Prophète (ﷺ) à l'état d'éveil (*yaqaẓah*) est une porte étroite et il en est peu à qui cela survient. Cela n'arrive qu'à ceux qui ont des qualités rares à trouver et à cette époque, au contraire, elles sont le plus souvent inexistantes. Mais aussi, en aucune manière, nous ne nous opposons envers celui à qui cela survient parmi les grands. Ceux qu'*Allāh* a préservés dans leur intérieur et leur extérieur'.

Il a dit : 'Certains savants exotériques ont critiqué le fait de pouvoir voir le Prophète (ﷺ) à l'état de veille en prétextant ceci : 'L'œil éphémère ne peut voir l'œil éternel et certes le Prophète (ﷺ) est dans la demeure éternelle alors que celui qui le voit est dans la demeure éphémère.'

وَقَالَ تِلْمِيذُهُ الْقَاضِي أَبُو بَكْرِ بْنُ الْعَرَبِيِّ أَحَدُ أَئِمَّةِ الْمَالِكِيَّةِ فِي كِتَابِ قَانُونِ التَّأْوِيلِ: ذَهَبَتِ الصُّوفِيَّةُ إِلَى أَنَّهُ إِذَا حَصَلَ لِلْإِنْسَانِ طَهَارَةُ النَّفْسِ فِي تَزْكِيَةِ الْقَلْبِ وَقَطْعُ الْعَلَائِقِ وَحَسْمُ مَوادِ أَسْبَابِ الدُّنْيَا مِنَ الْجَاهِ وَالْمَالِ وَالْخُلْطَةِ بِالْجِنْسِ وَالْإِقْبَالِ عَلَى اللهِ تَعَالَى بِالْكُلِّيَّةِ عِلْمًا دَائِمًا وَعَمَلًا مُسْتَمِرًّا كُشِفَتْ لَهُ الْقُلُوبُ وَرَأَى الْمَلَائِكَةَ وَسَمِعَ أَقْوَالَهُمْ وَاطَّلَعَ عَلَى أَرْوَاحِ الْأَنْبِيَاءِ وَسَمِعَ كَلَامَهُمْ،

ثُمَّ قَالَ ابْنُ الْعَرَبِيِّ مِنْ عِنْدِهِ: وَرُؤْيَةُ الْأَنْبِيَاءِ وَالْمَلَائِكَةِ وَسَمَاعُ كَلَامِهِمْ مُمْكِنٌ لِلْمُؤْمِنِ كَرَامَةً وَلِلْكَافِرِ عُقُوبَةً. انْتَهَى.

وَقَالَ الشَّيْخُ عِزّ الدِّين بْن عَبْد السَّلَام فِي الْقَوَاعِدِ الْكُبْرَى: وَقَالَ ابْن الْحَاج فِي الْمَدْخَلِ: رُؤْيَةُ النَّبِيِّ ﷺ فِي الْيَقَظَةِ بَابٌ ضَيِّقٌ وَقَلَّ مَنْ يَقَعُ لَهُ ذَلِكَ إِلَّا مَنْ كَانَ عَلَى صِفَةٍ عَزِيزٌ وُجُودُهَا فِي هَذَا الزَّمَانِ بَلْ عُدِمَتْ غَالِبًا، مَعَ أَنَّنَا لَا نُنْكِرُ مَنْ يَقَعُ لَهُ هَذَا مِنَ الْأَكَابِرِ الَّذِينَ حَفِظَهُمُ اللهُ فِي ظَوَاهِرِهِمْ وَبَوَاطِنِهِمْ.

قَالَ: وَقَدْ أَنْكَرَ بَعْضُ عُلَمَاءِ الظَّاهِرِ رُؤْيَةَ النَّبِيِّ ﷺ فِي الْيَقَظَةِ وَعَلَّلَ ذَلِكَ بِأَنْ قَالَ: الْعَيْنُ الْفَانِيَةُ لَا تَرَى الْعَيْنَ الْبَاقِيَةَ، وَالنَّبِيُّ ﷺ فِي دَارِ الْبَقَاءِ وَالرَّائِي فِي دَارِ الْفَنَاءِ.

Or, *Sayyidī Abū Muḥammad b. Abī Jamrah* a résolu ce problème en disant que : 'Le croyant lorsqu'il meurt verra *Allāh*, alors que Lui ne meurt pas et qu'un seul d'entre eux meurt chaque jour 70 fois' » Fin de citation

Le *Qāḍī Sharaf al-Dīn Hibat Allāh b. ʿAbd al-Raḥīm al-Bārizī* a dit dans le livre « *Tawthīq ʿurā al-īmān* » : « *Al-Bayhaqī* a dit dans le livre « *al-Iʿtiqād* » : 'Les prophètes, après que leur soit prise leur âme, elle leur est rendue et eux sont vivants auprès de leur Seigneur tout comme les martyrs. Notre prophète (ﷺ) lors de la nuit du *Miʿrāj*, a vu certains d'entre eux, et ses paroles — véridiques — que nos prières lui sont présentées et nos salutations transmises. Et *Allāh* a interdit à la terre de manger la chair des Prophètes.' »

Al-Bāzirī a dit : « Il a été entendu de la part de certains saints de notre temps et avant eux qu'ils virent le Prophète (ﷺ) à l'état d'éveil (*yaqaẓah*) vivant après son départ [de ce monde]. »

Il a dit : « Cela a été mentionné par le *Shaykh*, l'*Imām*, le *Shaykh* de l'*Islām Abū al-Bayān Nabā'a b. Muḥammad b. Maḥfūẓ al-Dimashqī* dans son « *Naẓīmat* ». » Fin de citation.

Et le *Shaykh Akmal al-Dīn al-Bābartī al-Ḥanafī* dans « *Sharḥ al-mashāriq* » au récit disant « **Celui qui me voit** » :

« La réunion de deux personnes à l'état d'éveil ou bien durant le sommeil est favorisée par la présence de ce qui constitue l'union. Celle-ci a cinq principes : la réunion se fait soit totalement dans l'être (*dhāt*), dans un ou plusieurs attributs, dans un ou plusieurs états, dans les actes ou bien dans les degrés.

وَقَدْ كَانَ سَيِّدِي أَبُو مُحَمَّد بْن أَبِي جَمْرَة يَحِلُّ هَذَا الْإِشْكَالَ وَيَرُدُّهُ بِأَنَّ الْمُؤْمِنَ إِذَا مَاتَ يَرَى اللَّهَ وَهُوَ لَا يَمُوتُ، وَالْوَاحِدُ مِنْهُمْ يَمُوتُ فِي كُلِّ يَوْمٍ سَبْعِينَ مَرَّةً. انْتَهَى.

وَقَالَ الْقَاضِي شَرَف الدِّين هِبَة الله بْن عَبْد الرَّحِيم الْبَارِزِي فِي كِتَابِ تَوْثِيقِ عُرَى الْإِيمَانِ: قَالَ الْبَيْهَقِيُّ فِي كِتَابِ الِاعْتِقَادِ: الْأَنْبِيَاءُ بَعْدَ مَا قُبِضُوا رُدَّتْ إِلَيْهِمْ أَرْوَاحُهُمْ فَهُمْ أَحْيَاءٌ عِنْدَ رَبِّهِمْ كَالشُّهَدَاءِ، وَقَدْ رَأَى نَبِيُّنَا ﷺ لَيْلَةَ الْمِعْرَاجِ جَمَاعَةً مِنْهُمْ، وَأَخْبَرَ - وَخَبَرُهُ صِدْقٌ - أَنَّ صَلَاتَنَا مَعْرُوضَةٌ عَلَيْهِ وَأَنَّ سَلَامَنَا يَبْلُغُهُ، وَأَنَّ اللَّهَ تَعَالَى حَرَّمَ عَلَى الْأَرْضِ أَنْ تَأْكُلَ لُحُومَ الْأَنْبِيَاءِ.

قَالَ الْبَارِزِيُّ: وَقَدْ سُمِعَ مِنْ جَمَاعَةٍ مِنَ الْأَوْلِيَاءِ فِي زَمَانِنَا وَقَبْلِهِ أَنَّهُمْ رَأَوْا النَّبِيَّ ﷺ فِي الْيَقَظَةِ حَيًّا بَعْدَ وَفَاتِهِ.

قَالَ: وَقَدْ ذَكَرَ ذَلِكَ الشَّيْخُ الْإِمَامَ شَيْخُ الْإِسْلَامِ أَبُو الْبَيَانِ نَبَأَ ابْنُ مُحَمَّدِ بْنِ مَحْفُوظٍ الدِّمَشْقِيّ فِي نَظِيمَتِهِ. انْتَهَى.

وَقَالَ الشَّيْخُ أَكْمَل الدِّين البَابَرْتِي الْحَنَفِي فِي شَرْحِ الْمَشَارِقِ فِي حَدِيثِ **(مَنْ رَآنِي)** : الِاجْتِمَاعُ بِالشَّخْصَيْنِ يَقَظَةً وَمَنَامًا لِحُصُولِ مَا بِهِ الِاتِّحَادُ، وَلَهُ خَمْسَةُ أُصُولٍ: كُلِّيَّةُ الِاشْتِرَاكِ فِي الذَّاتِ، أَوْ فِي صِفَةٍ فَصَاعِدًا، أَوْ فِي حَالٍ فَصَاعِدًا، أَوْ فِي الْأَفْعَالِ، أَوْ فِي الْمَرَاتِبِ.

Tout ce que l'on peut se représenter comme correspondance entre deux ou plusieurs êtres est compris dans ces cinq principes. C'est en fonction de la force ou de la faiblesse, de ce qui peut constituer une divergence en ces principes, que la fréquence de cette rencontre pourrait être importante ou minime. Il est également possible qu'un amour tellement grand grandisse entre deux personnes et qu'ils ne se séparent point et vice-versa. Celui qui réunit ces cinq principes et établit en lui cette ressemblance entre lui et les âmes disparues ayant atteint la complétude [spirituelle] peut alors se rassembler avec elles comme il le souhaite. »

Le *Shaykh Ṣafī al-Dīn b. Abū Manṣūr* dans sa « *Risāla* » et le *Shaykh ʿAfīf al-Dīn al-Yāfiʿī* dans « *Rawḍ al-rayāḥīn* » : « L'immense *Shaykh*, le modèle des maitres des connaissants, la bénédiction de son temps *Abū ʿAbdallāh al-Qurashī* a dit : 'Lorsqu'une grande hausse de prix est survenue en Égypte, je m'orientais pour invoquer quand on me dit : ʿN'invoque pas ! Aucun d'entre vous ne sera entendu dans ses invocations concernant cette affaire.' Je me suis alors rendu au *Shām* quand je suis arrivé proche du sanctuaire de l'Ami Intime (ﷺ), et l'Ami Intime m'accueillit et je dis : **'Ô Messager d'*Allāh* ! Prend en charge auprès de toi les invocations pour les Égyptiens'**, alors il invoqua pour eux et *Allāh* les sauva.' »

Al-Yāfiʿī a dit : « Sa parole **'L'Ami Intime m'accueillit'** : Ce sont des propos véridiques et personne ne les renie si ce n'est un ignorant de la connaissance [divine]. Cette dernière réfute ces ignorants à travers les états [spirituels] dans lesquels on contemple les mondes célestes et terrestres, dans lesquels on voit les Prophètes vivants, car ils ne sont pas morts. Cela de la même manière que le Prophète (ﷺ) vit Moïse (ﷺ) sur terre, et de la manière dont il vit certains prophètes dans les Cieux et entendit leurs discours. Aussi, il est établi que ce qui est possible pour les Prophètes en tant que miracle (*muʿjiza*) est possible pour les saints en tant que prodige (*karāma*) si ce n'est la condition du défi [inhérente au miracle][2]. » Fin de citation.

---

[2] Le miracle (*muʿjizah*, litt : ce qui affaiblit) est une chose extraordinaire qui advient à un prophète dans le but de l'aider à transmettre son message. Il s'inscrit dans une démarche de défi, dès lors que le négateur se sent incapable d'apporter cette chose extraordinaire.

وَكُلُّ مَا يُتعَقَّلُ مِنَ الْمُنَاسَبَةِ بَيْنَ شَيْئَيْنِ أَوْ أَشْيَاءَ لَا يَخْرُجُ عَنْ هَذِهِ الْخَمْسَةِ، وَبِحَسْبِ قُوَّتِهِ عَلَى مَا بِهِ الِاخْتِلَافُ وَضَعْفِهِ يَكْثُرُ الِاجْتِمَاعُ وَيَقِلُّ، وَقَدْ يَقْوَى عَلَى ضِدِّهِ فَتَقْوَى الْمَحَبَّةُ بِحَيْثُ يَكَادُ الشَّخْصَانِ لَا يَفْتَرِقَانِ، وَقَدْ يَكُونُ بِالْعَكْسِ، وَمَنْ حَصَّلَ الْأُصُولَ الْخَمْسَةَ وَثَبَتَتِ الْمُنَاسَبَةُ بَيْنَهُ وَبَيْنَ أَرْوَاحِ الْكُمَّلِ الْمَاضِينَ اجْتَمَعَ بِهِمْ مَتَى شَاءَ.

وَقَالَ الشَّيْخُ صَفِي الدِّين بْن أَبِي الْمَنْصُور فِي رِسَالَتِهِ، وَالشَّيْخُ عَفِيف الدِّين الْيَافِعِي فِي رَوْضِ الرَّيَاحِينِ: قَالَ الشَّيْخُ الْكَبِيرُ قُدْوَةُ الشُّيُوخِ الْعَارِفِينَ وَبَرَكَةُ أَهْلِ زَمَانِهِ أبو عبد الله القرشي: لَمَّا جَاءَ الْغَلَاءُ الْكَبِيرُ إِلَى دِيَارِ مِصْرَ، تَوَجَّهْتُ لِأَنْ أَدْعُوَ، فَقِيلَ لِي: لَا تَدْعُ، فَمَا يُسْمَعُ لِأَحَدٍ مِنْكُمْ فِي هَذَا الْأَمْرِ دُعَاءٌ، فَسَافَرْتُ إِلَى الشَّامِ فَلَمَّا وَصَلْتُ إِلَى قَرِيبِ ضَرِيحِ الْخَلِيلِ عَلَيْهِ السَّلَامُ تَلَقَّانِي الْخَلِيلُ فَقُلْتُ: **يَا رَسُولَ اللَّهِ اجْعَلْ ضِيَافَتِي عِنْدَكَ الدُّعَاءَ لِأَهْلِ مِصْرَ**، فَدَعَا لَهُمْ فَفَرَّجَ اللَّهُ عَنْهُمْ.

قَالَ الْيَافِعِي: وَقَوْلُهُ: **تَلَقَّانِي الْخَلِيلُ**، قَوْلُ حَقٍّ لَا يُنْكِرُهُ إِلَّا جَاهِلٌ بِمَعْرِفَةِ مَا يَرِدُ عَلَيْهِمْ مِنَ الْأَحْوَالِ الَّتِي يُشَاهِدُونَ فِيهَا مَلَكُوتَ السَّمَاءِ وَالْأَرْضِ، وَيَنْظُرُونَ الْأَنْبِيَاءَ أَحْيَاءً غَيْرَ أَمْوَاتٍ كَمَا نَظَرَ النَّبِيُّ ﷺ إِلَى مُوسَى ﷺ فِي الْأَرْضِ، وَنَظَرَهُ أَيْضًا هُوَ وَجَمَاعَةٌ مِنَ الْأَنْبِيَاءِ فِي السَّمَاوَاتِ وَسَمِعَ مِنْهُمْ مُخَاطَبَاتٍ، وَقَدْ تَقَرَّرَ أَنَّ مَا جَازَ لِلْأَنْبِيَاءِ مُعْجِزَةً جَازَ لِلْأَوْلِيَاءِ كَرَامَةً بِشَرْطِ عَدَمِ التَّحَدِّي[3]. انْتَهَى.

[3] المعْجِزَةُ أَمْرٌ خَارِقٌ للعادة يجريه الله على يد نبي ليؤيده على تبليغ رسالته فهو على قصد التحدي بأن يعجز المنكر عن الإتيان بمثله.

Le *Shaykh Sirāj al-Dīn b. al-Mulaqqin* a dit dans « *Ṭabaqāt al-awliyā'* » : « Le *Shaykh ʿAbd al-Qādīr al-Kīlānī* [*al-Jilānī*] a dit : 'J'ai vu le Messager d'*Allāh* (ﷺ) avant le *Ẓuhr* et il me dit : **'Ô mon fils ! Pourquoi ne parles-tu pas** [aux gens] **?'** Je dis : **'Ô mon père ! Je suis un non-arabe, comment pourrais-je parler comme les éloquents de *Baghdād* ?'** Il dit alors : **'Ouvre ta bouche'** alors je lui ouvris et il crachota dedans sept fois et il dit **'Parle aux gens et invite-les à la voie de ton Seigneur avec sagesse et avec de bonnes exhortations.'**

J'ai alors prié le *Ẓuhr* et je me suis assis et beaucoup de gens furent en ma présence et je me mis alors à tressaillir, j'ai alors vu *ʿAlī* debout dans l'assemblée et il me dit : **'Ô mon fils ! Pourquoi ne parles-tu pas ?'** Je dis : **'Ô mon père ! Je tremble !'** Il répondit alors : **'Ouvre ta bouche.'** Je lui ouvris alors ma bouche et il crachota dedans six fois. J'ai dit : **'Pourquoi ne complètes-tu pas par sept** [fois] **?'** Il dit : **'Par convenance envers le Messager d'*Allāh*** (ﷺ).' Ensuite, il disparut de mon champ de vision et je dis [aux gens ces paroles] : 'La pensée (*fikr*) est un plongeur, se submergeant dans l'océan du cœur (*baḥr al-qalb*) afin d'y trouver les perles cognitives. Lorsqu'elle les apporte à la rive de son être, elles se répandent à partir de ses lèvres comme sentences et avec celles-ci il s'accapare l'obéissance ﴿ ***dans des maisons qu'Allāh a permis que l'on établisse.*** ﴾ [S.24/V.36]" »

Et il a aussi dit dans la présentation du *Shaykh Khalīfah b. Mūsā al-Nahramalakī* :

« Il voyait beaucoup le Messager d'*Allāh* (ﷺ) à l'état d'éveil et durant le sommeil. Il reçut beaucoup d'ordres de lui dans ces deux états. Il l'a même vu soixante-dix fois durant une seule nuit et il lui dit durant l'une d'entre elles : 'Ô *Khalīfah* ! Ne t'ennuie pas de moi ! Beaucoup de saints meurent désespérés de ne m'avoir vu.' »

وَقَالَ الشَّيْخُ سِرَاجِ الدِّين بن الْمُلَقِن فِي طَبَقَاتِ الْأَوْلِيَاءِ: قَالَ الشَّيْخُ عَبْد الْقَادِرِ الْكِيلَانِي: رَأَيْتُ رَسُولَ اللَّهِ ﷺ قَبْلَ الظُّهْرِ فَقَالَ لِي: **يَا بُنَيَّ لِمَ لَا تَتَكَلَّمُ؟** قُلْتُ: **يَا أَبَتَاهُ أَنَا رَجُلٌ أَعْجَمِيٌّ كَيْفَ أَتَكَلَّمُ عَلَى فُصَحَاءِ بَغْدَادَ؟** فَقَالَ: افْتَحْ فَاكَ، فَفَتَحْتُهُ، فَتَفَلَ فِيهِ سَبْعًا وَقَالَ: **تَكَلَّمْ عَلَى النَّاسِ وَادْعُ إِلَى سَبِيلِ رَبِّكَ بِالْحِكْمَةِ وَالْمَوْعِظَةِ الْحَسَنَةِ.**

فَصَلَّيْتُ الظُّهْرَ وَجَلَسْتُ وَحَضَرَنِي خَلْقٌ كَثِيرٌ فَارْتُجَّ عَلَيَّ، فَرَأَيْتُ عَلِيًّا قَائِمًا بِإِزَائِي فِي الْمَجْلِسِ فَقَالَ لِي: **يَا بُنَيَّ لِمَ لَا تَتَكَلَّمُ؟** قُلْتُ: **يَا أَبَتَاهُ قَدِ ارْتُجَّ عَلَيَّ،** فَقَالَ: **افْتَحْ فَاكَ،** فَفَتَحْتُهُ فَتَفَلَ فِيهِ سِتًّا، فَقُلْتُ: **لِمَ لَا تُكْمِلُهَا سَبْعًا؟** قَالَ: **أَدَبًا مَعَ رَسُولِ اللَّهِ ﷺ** ثُمَّ تَوَارَى عَنِّي فَقُلْتُ: غَوَّاصُ الْفِكْرِ يَغُوصُ فِي بَحْرِ الْقَلْبِ عَلَى دُرَرِ الْمَعَارِفِ فَيَسْتَخْرِجُهَا إِلَى سَاحِلِ الصَّدْرِ فَيُنَادِي عَلَيْهَا تُرْجُمَانُ اللِّسَانِ فَتَشْتَرِي بِنَفَائِسِ أَثْمَانِ حُسْنَ الطَّاعَةِ ﴿ **فِي بُيُوتٍ أَذِنَ اللَّهُ أَنْ تُرْفَعَ.** ﴾

وَقَالَ أَيْضًا فِي تَرْجَمَةِ الشَّيْخِ خَلِيفَة بْن مُوسَى النَّهْرَمَلْكِي:

كَانَ كَثِيرَ الرُّؤْيَةِ لِرَسُولِ اللَّهِ ﷺ يَقَظَةً وَمَنَامًا فَكَانَ يُقَالُ: إِنَّ أَكْثَرَ أَفْعَالِهِ مُتَلَقَّاةٌ مِنْهُ بِأَمْرٍ مِنْهُ إِمَّا يَقَظَةً وَإِمَّا مَنَامًا، وَرَآهُ فِي لَيْلَةٍ وَاحِدَةٍ سَبْعَ عَشْرَةَ مَرَّةً، قَالَ لَهُ فِي إِحْدَاهُنَّ: يَا خَلِيفَة لَا تَضْجَرْ مِنِّي، كَثِيرٌ مِنَ الْأَوْلِيَاءِ مَاتَ بِحَسْرَةِ رُؤْيَتِي.

Et *al-Kamāl al-Udfuwī* dans « *al-Tāliʿ al-Saʿīd* » dans sa présentation d'*al-Ṣafī Abū ʿAbdallāh Muḥammad b. Yaḥyā al-Aswānī* visiteur d'*Akhmīm* parmi les compagnons d'*Abū Yahyā b. Shāfiʿ* : « Plus connu sous le nom de *al-Ṣalāh*, il avait des dévoilements (*mukāshafāt*) et des prodiges (*karāmāt*). À écrit de lui *Ibn Daqīq al-ʿĪd*, *Ibn al-Nuʿmān* et le pôle *al-ʿAsqalānī*. Et il est mentionné qu'il voyait le Prophète (ﷺ) et qu'il se réunissait avec lui. »

Le *Shaykh ʿAbd al-Ghaffār b. Nūḥ al-Qūṣī* a dit dans son livre « *al-Waḥīd* » : « Parmi les compagnons du *Shaykh Abū Yaḥyā*, *Abū ʿAbdallāh al-Aswānī* résidant à *Akhmīm* qui rapporte qu'il voyait le Messager d'*Allāh* (ﷺ) chaque heure à tel point qu'il n'y avait pas une heure où il ne rapportait pas de lui. »

Il dit également dans « *al-Waḥīd* » : « Quand le *Shaykh Abū al-ʿAbbās al-Mursī* était proche du Prophète (ﷺ), et qu'il le (ﷺ) saluait, il lui retournait le salut et lui répondait lorsqu'il parlait avec lui. »

Le *Shaykh Tāj al-Dīn b. ʿAṭā' Allāh* a dit dans « *Laṭā'if al-Minan* » : « Un homme a dit au *Shaykh Abū al-ʿAbbās al-Mursī* : 'Ô mon maitre ! Serre-moi la main par cette paume qui est la tienne, car tu as rencontré hommes et terres'. Il dit alors : 'Par *Allāh* ! Je ne serre la main par cette paume-ci qu'au Messager d'*Allāh* (ﷺ).' Il dit : Le *Shaykh* a dit : **'Si le Messager d'*Allāh* m'était caché (ﷺ) durant un clin d'œil je ne me compterais pas parmi les musulmans durant cet instant.'** »

Et le *Shaykh Ṣafī al-Dīn b. Abū Manṣūr* dans sa « *Risāla* » et le *Shaykh ʿAbd al-Ghaffār* dans « *al-Waḥīd* » ont dit : « Il est parvenu du *Shaykh Abū al-Ḥassan al-Wanānī* qu'il a dit : *Shaykh Abū al-ʿAbbās al-Ṭanjī* m'a rapporté en disant : Je suis arrivé à *Sayyidī Aḥmad b. al-Rifāʿī* et il m'a dit : **'Je ne suis pas ton *Shaykh*, ton *Shaykh* est *ʿAbd al-Raḥīm de Qinā*.'** Alors j'ai voyagé vers *Qinā* et aie rendu visite au *Shaykh ʿAbd al-Raḥīm* et il me dit : **'Connais-tu le Messager d'*Allāh* (ﷺ) ?'**

وَقَالَ الْكَمَال الْأُدْفُوِي فِي الطَّالِع السَّعِيدِ فِي تَرْجَمَةِ الصفي أَبِي عَبْد الله مُحَمَّد بْن يَحْيَى الْأَسواني نَزِيلِ أَخْمِيمَ مِنْ أَصْحَابِ أَبِي يَحْيَى بْن شَافِعٍ: كَانَ مَشْهُورًا بِالصَّلَاحِ وَلَهُ مُكَاشَفَاتٌ وَكَرَامَاتٌ كَتَبَ عَنْهُ ابْن دَقِيق الْعِيد، وَابْن النُّعْمَان، والْقُطْب الْعَسْقَلَانِي، وَكَانَ يَذْكُرُ أَنَّهُ يَرَى النَّبِيَّ ﷺ وَيَجْتَمِعُ بِهِ.

وَقَالَ الشَّيْخُ عَبْد الْغَفَّار بْن نُوح الْقُوصِي فِي كِتَابِهِ الْوَحِيدِ: مِنْ أَصْحَابِ الشَّيْخِ أَبِي يَحْيَى أَبُو عَبْد الله الْأُسْوَانِي الْمُقِيمُ بِأَخْمِيمَ كَانَ يُخْبِرُ أَنَّهُ يَرَى رَسُولَ اللَّهِ ﷺ فِي كُلِّ سَاعَةٍ حَتَّى لَا تَكَادُ سَاعَةٌ إِلَّا وَيُخْبِرُ عَنْهُ.

وَقَالَ فِي الْوَحِيدِ أَيْضًا: كَانَ لِلشَّيْخِ أَبِي الْعَبَّاس الْمُرْسِي وُصْلَةٌ بِالنَّبِي إِذَا سَلَّمَ عَلَى النَّبِيِّ رَدَّ عَلَيْهِ السَّلَامَ وَيُجَاوِبُهُ إِذَا تَحَدَّثَ مَعَهُ.

وَقَالَ الشَّيْخُ تَاج الدِّين بْن عَطَاء الله فِي لَطَائِفِ الْمِنَنِ، قَالَ رَجُلٌ لِلشَّيْخِ أَبِي الْعَبَّاس الْمُرْسِي: يَا سَيِّدِي صَافِحْنِي بِكَفِّكَ هَذِهِ فَإِنَّكَ لَقِيتَ رِجَالًا وَبِلَادًا، فَقَالَ: وَاللَّهِ مَا صَافَحْتُ بِكَفِّي هَذِهِ إِلَّا رَسُولَ اللَّهِ ﷺ، قَالَ: وَقَالَ الشَّيْخُ: **لَوْ حُجِبَ عَنِّي رَسُولُ اللَّهِ ﷺ طَرْفَةَ عَيْنٍ مَا عَدَدْتُ نَفْسِي مِنَ الْمُسْلِمِينَ**

وَقَالَ الشَّيْخُ صَفِي الدِّين بْن أَبِي الْمَنْصُور فِي رِسَالَتِهِ، وَالشَّيْخُ عبد الغفار فِي الْوَحِيدِ: حُكِيَ عَنِ الشَّيْخِ أَبِي الْحَسَن الوناني قَالَ: أَخْبَرَنِي الشَّيْخُ أَبُو الْعَبَّاس الطَّنْجِي قَالَ: وَرَدْتُ عَلَى سَيِّدِي أَحْمَد بْن الرِّفَاعِي فَقَالَ لِي: **مَا أَنَا شَيْخُكَ، شَيْخُكَ عَبْد الرَّحِيم بِقِنَا**، فَسَافَرْتُ إِلَى قِنَا، فَدَخَلْتُ عَلَى الشَّيْخِ عبد الرحيم فَقَالَ لِي: **عَرَفْتَ رَسُولَ اللَّهِ ﷺ** ؟

Je répondis : '**Non.**' Il dit : **'Reste dans *Bayt al-Maqdis* jusqu'à ce que tu connaisses le Messager d'*Allāh* (ﷺ).'**

Lorsque je mis mon pied dans les cieux, la terre, le Trône et le *Kursī*, ces derniers étaient remplis du Messager d'*Allāh* (ﷺ). Je me rendis alors vers le *Shaykh* qui me dit : **'Connais-tu le Messager d'*Allāh* (ﷺ) ?'** J'ai alors répondu : **'Oui.'** Il dit : **'Tu as donc complété ton cheminement. Les pôles** (*aqṭāb*) **ne sont pas pôle, les piliers** (*awtād*) **ne sont pas pilier et les saints** (*awliyā'*) **ne sont pas saint si ce n'est par sa (ﷺ) connaissance spirituelle** (*ma'rifah*)**.'** »

Il a dit dans « *al-Waḥīd* » : « Parmi ceux qui l'ont vu à la Mecque il y a le *Shaykh 'Abdallāh al-Dalāṣī*. Il m'a rapporté qu'aucune de ses prières n'était valide durant sa *'Umra* sauf une. Il a dit : 'C'était quand j'étais dans la Mosquée Sacrée durant la prière du *Ṣubḥ* alors quand l'*imām* est entré en sacralisation [pour la prière] et que je me suis sacralisé, on m'a alors tiré et j'ai été pris par la vision du Messager d'*Allāh* (ﷺ) qui priait en tant qu'*Imām* et derrière lui se trouvaient les dix [promis au paradis] et j'ai alors prié avec eux. Cela survint en l'an 673 H.

Il (ﷺ) récita alors dans la première unité la sourate *al-Muddatthir* et dans la deuxième ﴿ ***Sur quoi s'interrogent-ils mutuellement ?*** ﴾ [S.78/V.1]. Lorsqu'il salua, il invoqua par cette invocation : « Ô *Allāh* ! Fait de nous des guides et des biens guidés et non des égarés égareurs [...] à Toi donc la louange pour cela, il n'y a pas de divinité si ce n'est Toi.' Quand le Messager d'*Allāh* (ﷺ) eut fini, l'*imām* salua et je pris alors conscience de son salut et je saluai. »

قُلْتُ: **لَا**، قَالَ: **رُحْ إِلَى بَيْتِ الْمَقْدِسِ حَتَّى تَعْرِفَ رَسُولَ اللَّهِ ﷺ.**

فَحِينَ وَضَعْتُ رِجْلِي وَإِذَا بِالسَّمَاءِ وَالْأَرْضِ وَالْعَرْشِ وَالْكُرْسِيِّ مَمْلُوءَةٌ مِنْ رَسُولِ اللَّهِ ﷺ فَرَجَعْتُ إِلَى الشَّيْخِ فَقَالَ لِي: **عَرَفْتَ رَسُولَ اللَّهِ ﷺ ؟** قُلْتُ: **نَعَمْ**، قَالَ: **الْآنَ كَمُلَتْ طَرِيقَتُكَ، لَمْ تَكُنِ الْأَقْطَابُ أَقْطَابًا وَالْأَوْتَادُ أَوْتَادًا وَالْأَوْلِيَاءُ أَوْلِيَاءً إِلَّا بِمَعْرِفَتِهِ ﷺ.**

وَقَالَ فِي الْوَحِيدِ: وَمِمَّنْ رَأَيْتُهُ بِمَكَّةَ الشَّيْخُ عَبْد الله الدَّلَاصِي، أَخْبَرَنِي أَنَّهُ لَمْ تَصِحَّ لَهُ صَلَاةٌ فِي عُمْرِهِ إِلَّا صَلَاةٌ وَاحِدَةٌ، قَالَ: وَذَلِكَ أَنِّي كُنْتُ بِالْمَسْجِدِ الْحَرَامِ فِي صَلَاةِ الصُّبْحِ فَلَمَّا أَحْرَمَ الْإِمَامُ وَأَحْرَمْتُ أَخَذَتْنِي أَخْذَةٌ فَرَأَيْتُ رَسُولَ اللَّهِ ﷺ يُصَلِّي إِمَامًا وَخَلْفَهُ الْعَشَرَةُ فَصَلَّيْتُ مَعَهُمْ، وَكَانَ ذَلِكَ فِي سَنَةِ ثَلَاثٍ وَسَبْعِينَ وَسِتِّمِائَةٍ.

فَقَرَأَ ﷺ فِي الرَّكْعَةِ الْأُولَى سُورَةَ الْمُدَّثِّرِ وَفِي الثَّانِيَةِ ﴿ **عَمَّ يَتَسَاءَلُونَ** ﴾، فَلَمَّا سَلَّمَ دَعَا بِهَذَا الدُّعَاءِ: اللَّهُمَّ اجْعَلْنَا هُدَاةً مَهْدِيِّينَ غَيْرَ ضَالِّينَ وَلَا مُضِلِّينَ لَا طَمَعًا فِي بِرِّكَ وَلَا رَغْبَةً فِيمَا عِنْدَكَ لِأَنَّ لَكَ الْمِنَّةَ عَلَيْنَا بِإِيجَادِنَا قَبْلَ أَنْ لَمْ نَكُنْ فَلَكَ الْحَمْدُ عَلَى ذَلِكَ لَا إِلَهَ إِلَّا أَنْتَ، فَلَمَّا فَرَغَ رَسُولُ اللَّهِ ﷺ سَلَّمَ الْإِمَامُ فَعَقَلْتُ تَسْلِيمَهُ فَسَلَّمْتُ.

Le *Shaykh Ṣafī al-Dīn* dans sa « *Risāla* » : « Le *Shaykh Abū al-ʿAbbās al-Ḥarrār* m'a dit : ʿJ'ai rendu une fois visite au Prophète (ﷺ) et je le trouvai en train d'écrire des lettres patentes (*manāshīr*) aux saints concernant la sainteté. Il écrivit à mon frère *Muḥammad* et il y avait de dedans une lettre patente disant : 'Le frère, le très grand *Shaykh* dans la sainteté et il y a sur son visage une lumière qui ne cache à personne qu'il est un saint.' J'interrogeai alors le *Shaykh* concernant cela et il dit : ʿLe Prophète (ﷺ) souffla sur son visage et c'est ce souffle qui lui donna cette lumière.' »

Le *Shaykh Ṣafī al-Dīn* a dit : « J'ai vu le très majestueux *Shaykh Abū ʿAbdallāh al-Qurṭubī* qui est une sommité parmi les compagnons du *Shaykh al-Qurashī* qui résida longtemps dans la ville prophétique. Et le Prophète (ﷺ) était en lien avec lui, il lui répondait et lui retournait le salut. Le Messager d'*Allāh* (ﷺ) le chargea d'apporter une lettre au roi *Al-Kāmil*. Il s'en alla avec en Égypte, la délivra et retourna à Médine ».

Il a dit : « Parmi ceux que j'ai vu en Égypte il y a le *Shaykh Abū al-ʿAbbās al-ʿAsqalānī* qui faisait partie de l'élite des compagnons du *Shaykh al-Qurashī*, l'ascète d'Égypte de son temps. Durant la fin de sa vie à la Mecque, les moments se multiplièrent où l'on disait qu'il visitait le Prophète (ﷺ) et que le Prophète (ﷺ) l'interpelait en disant : ʿReçoit cela dans ta main de la part d'*Allāh*, ô *Aḥmad* !' »

Il est parvenu d'un certain saint qu'un juriste le visita et que ce dernier lui rapporta un *ḥadīth*. Le saint lui dit alors : 'Ce *ḥadīth* est faux.' Alors le juriste lui dit : 'Et d'où tiens-tu cela ?' Il répondit alors : 'Ici se tient devant ta tête le Prophète (ﷺ) et il dit : **'Je n'ai jamais prononcé cette parole.'** Puis, il se dévoila au juriste qui le vit également.

وَقَالَ الشَّيْخُ صَفِي الدِّين فِي رِسَالَتِهِ: قَالَ لِي الشَّيْخُ أَبُو الْعَبَّاس الْحَرَّار: دَخَلْتُ عَلَى النَّبِيِّ ﷺ مَرَّةً فَوَجَدْتُهُ يَكْتُبُ مَنَاشِيرَ لِلْأَوْلِيَاءِ بِالْوِلَايَةِ، وَكَتَبَ لِأَخِي محمد مِنْهُمْ مَنْشُورًا قَالَ: وَكَانَ أَخُو الشَّيْخِ كَبِيرًا فِي الْوِلَايَةِ كَانَ عَلَى وَجْهِهِ نُورٌ لَا يَخْفَى عَلَى أَحَدٍ أَنَّهُ وَلِيٌّ، فَسَأَلْنَا الشَّيْخَ عَنْ ذَلِكَ فَقَالَ: نَفَخَ النَّبِيُّ ﷺ فِي وَجْهِهِ فَأَثَّرَتِ النَّفْخَةُ هَذَا النُّور.

قَالَ الشَّيْخُ صَفِي الدِّين: وَرَأَيْتُ الشَّيْخَ الْجَلِيلَ الْكَبِيرَ أَبَا عَبْدِ اللَّهِ الْقُرْطُبِيَّ أَجَلَّ أَصْحَابِ الشَّيْخ الْقُرَشِي، وَكَانَ أَكْثَرَ إِقَامَتِهِ بِالْمَدِينَةِ النَّبَوِيَّةِ، وَكَانَ لَهُ بِالنَّبِيِّ ﷺ وَصْلَةٌ وَأَجْوِبَةٌ وَرَدٌّ لِلسَّلَامِ، حَمَّلَهُ رَسُولُ اللَّهِ ﷺ رِسَالَةً لِلْمَلِكِ الْكَامِلِ، وَتَوَجَّهَ بِهَا إِلَى مِصْرَ وَأَدَّاهَا وَعَادَ إِلَى الْمَدِينَةِ.

قَالَ: وَمِمَّنْ رَأَيْتُ بِمِصْرَ الشَّيْخَ أَبَا الْعَبَّاس الْعَسْقَلَانِي أَخَصَّ أَصْحَابِ الشَّيْخ الْقُرَشِي، زَاهِدَ مِصْرَ فِي وَقْتِهِ، وَكَانَ أَكْثَرَ أَوْقَاتِهِ فِي آخِرِ عُمُرِهِ بِمَكَّةَ يُقَالُ أَنَّهُ دَخَلَ مَرَّةً عَلَى النَّبِيِّ ﷺ فَقَالَ لَهُ النَّبِيُّ ﷺ أَخَذَ اللَّهُ بِيَدِكَ يَا أحمد.

وَحُكِيَ عَنْ بَعْضِ الْأَوْلِيَاءِ أَنَّهُ حَضَرَ مَجْلِسَ فَقِيهٍ فَرَوَى ذَلِكَ الْفَقِيهُ حَدِيثًا، فَقَالَ لَهُ الْوَلِيُّ: هَذَا الْحَدِيثُ بَاطِلٌ، فَقَالَ الْفَقِيهُ: وَمِنْ أَيْنَ لَكَ هَذَا؟ فَقَالَ: هَذَا النَّبِيُّ ﷺ وَاقِفٌ عَلَى رَأْسِكَ يَقُولُ: **إِنِّي لَمْ أَقُلْ هَذَا الْحَدِيثَ**، وَكُشِفَ لِلْفَقِيهِ فَرَآهُ.

Dans le livre « *al-Minaḥ al-ilāhiyya fī manāqib al-sādat al-wafā'iyya* » d'*Ibn Fārīs* il est dit : « J'ai entendu mon maitre *ʿAlī* (ﷺ) dire : 'J'avais alors cinq ans lorsque j'apprenais le Coran d'un homme qui s'appelait *Shaykh Yaʿqūb*. Un jour, je suis allé le voir et j'ai vu le Messager d'*Allāh* (ﷺ) à l'état de veille et non pas en rêve et il portait un habit blanc fait de coton puis j'ai vu cet habit sur moi. Il me dit : **'Lis** (*iqra'*) **!'** alors je lui ai récité la sourate *al-Ḍuḥā* et ﴿ ***N'avons vous pas ouvert*** *[ta poitrine..]* ﴾ [S.94] puis il disparut et je ne l'ai plus revu jusqu'à mes vingt-et-un ans. J'entamais alors la prière du *Ṣubḥ* à *Qurāfa* lorsque je vis le Prophète (ﷺ) une nouvelle fois se tenir face à moi, me prendre dans ses bras et me dire : **'Et quant au bienfait de ton Seigneur, proclame-le !'** J'ai été gratifié de sa langue depuis ce temps. » Fin de citation.

Parmi ces agrégats [4] : le *Ḥajj Sayyidī Aḥmad al-Rifāʿī* lorsqu'il s'arrêta à la chambre bénie (*al-ḥujrah al-sharīfah*) [5], déclama :

« *Dans l'éloignement, j'envoyais mon âme à ma place pour embrasser cette terre. Et voilà que le monde des esprits est présent, tends donc tes mains pour que mes lèvres la reçoivent !* »

Alors il [6] sortit sa main bénie de la tombe bénite et l'embrassa.

Dans le « *Muʿjam* » du *Shaykh Burhān al-Dīn al-Biqāʿī*, il a dit : « L'*Imām Abū al-Faḍl b. Abī al-Faḍl al-Nuwayrī* m'a rapporté que le *Sayyid Nūr al-Dīn al-Ījī*, père du Shérif *ʿAfīf al-Dīn*, se rendit au jardin béni (*al-rawḍ al-sharīfa*) [7] et quand il a dit : **'Que la paix soit sur toi ô Prophète ainsi que la miséricorde d'*Allāh* et Ses bénédictions'**,

---

[4] C-à-d les évènements rapportés en masse dont la véracité est impossible à remettre en cause.

[5] Endroit où est enterré le Prophète (ﷺ).

[6] Le Prophète (ﷺ).

[7] Nom donné à la tombe du Prophète (ﷺ).

وَفِي كِتَابِ الْمِنَحِ الْإِلَهِيَّةِ فِي مَنَاقِبِ السَّادَةِ الْوَفَائِيَّةِ لابْنِ فَارِسٍ قَالَ: سَمِعْتُ سَيِّدِي عليا - رَضِيَ اللَّهُ عَنْهُ - يَقُولُ: كُنْتُ وَأَنَا ابْنُ خَمْسِ سِنِينَ أَقْرَأُ الْقُرْآنَ عَلَى رَجُلٍ يُقَالُ لَهُ الشَّيْخُ يعقوب، فَأَتَيْتُهُ يَوْمًا فَرَأَيْتُ النَّبِيَّ ﷺ يَقَظَةً لَا مَنَامًا وَعَلَيْهِ قَمِيصٌ أَبْيَضُ قُطْنٌ ثُمَّ رَأَيْتُ الْقَمِيصَ عَلَيَّ، فَقَالَ لِي: **اقْرَأْ**، فَقَرَأْتُ عَلَيْهِ سُورَةَ وَالضُّحَى **وَأَلَمْ نَشْرَحْ** ثُمَّ غَابَ عَنِّي، فَلَمَّا أَنْ بَلَغْتُ إِحْدَى وَعِشْرِينَ سَنَةً أَحْرَمْتُ لِصَلَاةِ الصُّبْحِ بِالْقَرَافَةِ، فَرَأَيْتُ النَّبِيَّ ﷺ قُبَالَةَ وَجْهِي فَعَانَقَنِي، وَقَالَ لِي: **وَأَمَّا بِنِعْمَةِ رَبِّكَ فَحَدِّثْ**، فَأُوتِيتُ لِسَانَهُ مِنْ ذَلِكَ الْوَقْتِ. انْتَهَى.

وَفِي بَعْضِ الْمَجَامِيعِ: حَجَّ سَيِّدِي أَحْمَد الرِّفَاعِي فَلَمَّا وَقَفَ تُجَاهَ الْحُجْرَةِ الشَّرِيفَةِ أَنْشَدَ:

فِي حَالَةِ الْبُعْدِ رُوحِي كُنْتُ أُرْسِلُهَا ... تُقَبِّلُ الْأَرْضَ عَنِّي فَهْيَ نَائِبَتِيوَهَذِهِ
نَوْبَةُ الْأَشْبَاحِ قَدْ حَضَرَتْ ... فَامْدُدْ يَمِينَكَ كَيْ تَحْظَى بِهَا

شَفَتِيفَخَرَجَتِ الْيَدُ الشَّرِيفَةُ مِنَ الْقَبْرِ الشَّرِيفِ فَقَبَّلَهَا.

وَفِي مُعْجَمِ الشَّيْخِ بُرْهَانِ الدِّينِ البقاعي قَالَ: حَدَّثَنِي الْإِمَامُ أَبُو الْفَضْلِ بِنِ أَبِي الْفَضْلِ النُّوَيْرِي أَنَّ السَّيِّد نُور الدِّين الْإِيجِي وَالِدَ الشَّرِيف عَفِيف الدِّين لَمَّا وَرَدَ إِلَى الرَّوْضَةِ الشَّرِيفَةِ وَقَالَ: السَّلَامُ عَلَيْكَ أَيُّهَا النَّبِيُّ وَرَحْمَةُ اللَّهِ وَبَرَكَاتُهُ،

une voix en sa présence issue de la tombe répondit : **'Et sur toi le salut ô mon fils !'**

Et le *Ḥāfiz Muḥḥib al-Dīn b. al-Najjār* dans son « *Tārikh* » a dit : « *Abū Aḥmad Dāwud b. ʿAlī b. Hibat Allāh b. al-Muslimah* m'a rapporté d'après *Abū al-Faraj al-Mubārak b. ʿAbdallāh b. Muḥammad b. al-Naqqūr* qui a dit : 'Il est parvenu de notre *Shaykh Abū Naṣr ʿAbd al-Wāḥid b. ʿAbd al-Malik b. Muḥammad b. Abī Saʿd al-Ṣūfī al-Karakhī* qu'il a dit :

'J'ai effectué le pèlerinage, rendu visite au Prophète (ﷺ) et alors que j'étais assis dans l'appartement (*ḥujrah*) [8], le *Shaykh Abū Bakr al-Diyār Bakrī* s'arrêta en face du Prophète (ﷺ) et dit : **'Que le salut soit sur toi ô Messager d'*Allāh* !'** J'ai ensuite entendu une voix qui sortait de la pièce disant : **'Et sur toi le salut ô *Abū Bakr* !'** Ceux qui étaient présents l'ont aussi entendu. »

Dans le livre « *Miṣbāḥ al-Ẓalām fī al-Mustaghīthīn bikhayr al-anām* » de l'*Imām Shams al-Dīn Muḥammad b. Mūsā b. al-Nuʿmān* il est dit : « J'ai entendu *Yūsuf b. ʿAlī al-Zunānī* rapporter que certains fonctionnaires faisaient du mal à une femme hāshimite d'un quartier de Médine. Elle a dit : 'Je demandais de l'aide (*fāstaghathu*) au Prophète (ﷺ) et j'entendis une voix du jardin (*rawḍ*) qui disait : **'N'es-tu pas un bon exemple** [à suivre] **? J'ai patienté comme tu as patienté'** ou quelque chose de semblable. Elle ajouta : **'Mon problème disparu et les trois fonctionnaires qui m'ont fait du mal moururent.'** »

---

[8] Dans lequel est enterré le Prophète (ﷺ).

سَمِعَ مَنْ كَانَ بِحَضْرَتِهِ قَائِلًا مِنَ الْقَبْرِ يَقُولُ: **وَعَلَيْكَ السَّلَامُ يَا وَلَدِي.**

وَقَالَ الْحَافِظُ مُحِبّ الدِّين بْن النَّجَّار فِي تَارِيخِهِ: أَخْبَرَنِي أَبُو أَحْمَد دَاوُد بْن عَلِي بْن هِبَة الله بْن الْمُسْلِمَة أَنَا أَبُو الْفَرَح الْمُبَارَك بْن عَبْد الله بْن مُحَمَّد بْن النَّقُّور قَالَ: حَكَى شَيْخُنَا أَبُو نَصْر عَبْد الْوَاحِد بْن عَبْد الْمَلِك بْن مُحَمَّد بْن أَبِي سَعْد الصُّوفِي الْكَرَخِي قَالَ:

حَجَجْتُ وَزُرْتُ النَّبِيَّ ﷺ فَبَيْنَا أَنَا جَالِسٌ عِنْدَ الْحُجْرَةِ إِذْ دَخَلَ الشَّيْخُ أَبُو بَكْر الدِّيَار بَكْرِي وَوَقَفَ بِإِزَاءِ وَجْهِ النَّبِيِّ ﷺ وَقَالَ: **السَّلَامُ عَلَيْكَ يَا رَسُولَ اللَّهِ**، فَسَمِعْتُ صَوْتًا مِنْ دَاخِلِ الْحُجْرَةِ: **وَعَلَيْكَ السَّلَامُ يَا أَبَا بَكْر**، وَسَمِعَهُ مَنْ حَضَرَ.

وَفِي كِتَابِ مِصْبَاحِ الظَّلَامِ فِي الْمُسْتَغِيثِينَ بِخَيْرِ الْأَنَامِ لِلْإِمَامِ شَمْسِ الدِّينِ مُحَمَّد بْن مُوسَى بْن النُّعْمَان قَالَ: سَمِعْتُ يُوسُف بْن عَلِي الزُّنَانِي يَحْكِي عَنِ امْرَأَةٍ هَاشِمِيَّةٍ كَانَتْ مُجَاوِرَةً بِالْمَدِينَةِ، وَكَانَ بَعْضُ الْخُدَّامِ يُؤْذِيهَا، قَالَتْ: فَاسْتَغَثْتُ بِالنَّبِيِّ ﷺ فَسَمِعْتُ قَائِلًا مِنَ الرَّوْضَةِ يَقُولُ: **أَمَا لَكِ فِيَّ أُسْوَةٌ؟ فَاصْبِرِي كَمَا صَبَرْتُ**، أَوْ نَحْوَ هَذَا، قَالَتْ: **فَزَالَ عَنِّي مَا كُنْتُ فِيهِ وَمَاتَ الْخُدَّامُ الثَّلَاثَةُ الَّذِينَ كَانُوا يُؤْذُونَنِي.**

Ibn al-Sam'ānī dans « *al-Dalā'il* » a dit : « *Abū Bakr Hiba Allāh b. al-Faraj* nous a rapporté d'après *Abū al-Qāssim Yūsuf b. Muḥammad b. Yusuf al-Khaṭīb*, d'après *Abū al-Qāssim 'Abd al-Raḥmān b. 'Umar b. Tamīm al-Mu'adib*, d'après *'Alī b. Ibrāhīm b. 'Allān*, d'après *'Alī b. Muḥammad b. 'Alī*, d'après *Aḥmad b. al-Haytham al-Ṭā'ī*, d'après son père, d'après le père de ce dernier, d'après *Salamah b. Kuhayl*, d'après *Abū Ṣādiq* d'après *'Alī b. Abī Ṭālib* (ﷺ) qui a dit :

'Un bédouin vint à nous et descendit dans la tombe du Prophète (ﷺ) après que le Messager d'*Allāh* (ﷺ) fut enterré. Il prit de la terre présente et la mit sur sa tête puis dit : 'Ô Messager d'*Allāh* ! Tu as parlé et nous t'avons entendu. Tu recevais les ordres d'*Allāh* et nous recevions des ordres de toi et parmi ce qu'*Allāh* a fait descendre sur toi se trouve : ﴿ ***Si, lorsqu'ils ont fait du tort à leurs propres personnes ils venaient à toi en implorant le pardon d'Allah et si le Messager demandait le pardon pour eux, ils trouveraient, certes, Allah, Très Accueillant au repentir, Miséricordieux.*** ﴾ [S.4./V.64] Il est vrai que je me suis fait du tort à moi-même et je viens à toi pour que tu demandes pardon pour moi.' À ce moment-là, [une voix] l'appela depuis la tombe : '[sache qu'] il t'a été pardonné'. »

Puis j'ai vu dans le livre « *Muzīl al-shubuhāt fī ithbāt al-karāmāt* » de l'*Imām*, le pilier de la religion *Ismā'īl b. Hibat Allāh b. Bāṭīs* ce qui suit : « Et parmi les preuves concernant l'établissement des prodiges (*karāmāt*) il y a les paroles rapportées des Compagnons et des Successeurs (*tābi'īn*). Parmi eux se trouve l'*Imām Abū Bakr al-Ṣiddīq* (ﷺ) qui dit à *'Ā'isha* (ﷺ) : **'Il y a tes deux frères et sœurs.'** Elle dit alors 'Pour mes deux frères, il y a ici : *Muḥammad* et *'Abd al-Raḥmān*, qui est donc ma sœur alors qu'il n'y a personne si ce n'est *Asmā'* ?' Il dit alors : **'[*Ḥabība*] *Ibn Khārija* est enceinte d'une fille et il est ancré dans mon cœur l'idée que c'est une fille.'** Et elle mit au monde *Umm Kulthūm*.

وَقَالَ ابْن السَّمْعَانِي فِي الدَّلَائِلِ:أَخْبَرَنَا أَبُو بَكْر هِبَة الله بْن الْفَرَج أَخْبَرَنَا أَبُو الْقَاسِم يُوسُف بْن مُحَمَّد بْن يُوسُف الخَطِيب أَخْبَرَنَا أَبُو الْقَاسِم عَبْد الرَّحْمَن بْن عُمَر بْن تَمِيم الْمُؤَدِب حَدَّثَنَا عَلِي بْن إِبْرَاهِيم بْن عَلَّان أَخْبَرَنَا عَلِي بْن مُحَمَّد بْن عَلي حَدَّثَنَا أَحْمَد بْن الْهَيْثَم الطَّائِي حَدَّثَنِي أَبِي عَنْ أَبِيهِ عَنْ سَلَمَة بْنِ كُهَيْلٍ عَنْ أَبِي صَادِق عَنْ عَلِيّ بْنِ أَبِي طَالِبٍ - رَضِيَ اللَّهُ عَنْهُ - قَالَ:

قَدِمَ عَلَيْنَا أَعْرَابِيٌّ بَعْدَ مَا دَفَنَّا رَسُولَ اللَّهِ ﷺ فَرَمَى بِنَفْسِهِ عَلَى قَبْرِ النَّبِيِّ ﷺ وَحَثَا مِنْ تُرَابِهِ عَلَى رَأْسِهِ، وَقَالَ: يَا رَسُولَ اللَّهِ، قُلْتَ فَسَمِعْنَا قَوْلَكَ وَوَعَيْتَ عَنِ اللَّهِ فَأَوْعَيْنَا عَنْكَ، وَكَانَ فِيمَا أَنْزَلَ اللَّهُ عَلَيْكَ: ﴿ **وَلَوْ أَنَّهُمْ إِذْ ظَلَمُوا أَنْفُسَهُمْ جَاءُوكَ فَاسْتَغْفَرُوا اللَّهَ وَاسْتَغْفَرَ لَهُمُ الرَّسُولُ لَوَجَدُوا اللَّهَ تَوَّابًا رَحِيمًا** ﴾ وَقَدْ ظَلَمْتُ نَفْسِي وَجِئْتُكَ تَسْتَغْفِرَ لِي، فَنُودِيَ مِنَ الْقَبْرِ أَنَّهُ قَدْ غُفِرَ لَكَ.

ثُمَّ رَأَيْتُ فِي كِتَابِ مُزِيلِ الشُّبُهَاتِ فِي إِثْبَاتِ الْكَرَامَاتِ لِلْإِمَامِ عِمَاد الدِّين إِسْمَاعِيل بْن هِبَة الله بْن بَاطِيس مَا نَصُّهُ: وَمِنَ الدَّلِيلِ عَلَى إِثْبَاتِ الْكَرَامَاتِ آثَارٌ مَنْقُولَةٌ عَنِ الصَّحَابَةِ وَالتَّابِعِينَ فَمَنْ بَعْدَهُمْ مِنْهُمُ الْإِمَامُ أَبُو بَكْرٍ الصِّدِّيقُ - رَضِيَ اللَّهُ عَنْهُ - قَالَ لِعَائِشَة - رَضِيَ اللَّهُ عَنْهَا -: إِنَّمَا هُمَا أَخَوَاكِ وَأُخْتَاكِ، قَالَتْ: هَذَانِ أَخَوَايَ مُحَمَّد وَعَبْد الرَّحْمَن، فَمَنْ أُخْتَايَ وَلَيْسَ لِي إِلَّا أَسْمَاء، فَقَالَ: ذُو بَطْنِ ابْنَةِ خَارِجَةَ قَدْ أُلْقِيَ فِي رُوعِي أَنَّهَا جَارِيَةٌ، فَوَلَدَتْ أُمّ كُلْثُوم.

Et parmi eux se trouvent également *ʿUmar b. al-Khaṭṭāb* (ﷺ) avec l'histoire de *Sāriyya* où il proclama durant le sermon : **'Ô *Sāriyya* ! La montagne ! La montagne !'** Alors *Allāh* a fait entendre à *Sāriyya* ses paroles alors qu'il était à *Nahavand*[9]. Et également son histoire avec le [fleuve] du *Nīl* en Égypte : il lui écrivit une lettre [qu'on plongea dedans] et il remit à ruisseler après s'être arrêté.

Et parmi eux *ʿUthmān b. ʿAffān* (ﷺ) : *ʿAbdallāh b. Salām* a dit : 'Puis je vins à *ʿUthmān* en échelle — alors qu'il était assiégé — qui me dit alors : 'Bienvenue à mon frère ! J'ai vu le Messager d'*Allāh* (ﷺ) devant cette lucarne et il dit : **'Ô *ʿUthmān* t'ont-ils encerclé ?'** Je dis 'Oui.' Il dit : **'T'ont-ils assoiffé ?'** Je dis : 'Oui.' Alors il tint vers moi un seau qui était rempli d'eau. J'ai étanché ma soif et je peux toujours sentir l'effet apaisant de cette eau entre ma poitrine et mes épaules.' Il dit alors : **'Si tu le veux, je te secourrai contre eux, et si tu le veux tu peux prendre le repas du soir avec nous.'** J'ai alors choisi le repas du soir avec eux.' Et il fut tué ce jour.' » Fin de citation.

Cette histoire concernant *ʿUthmān* est bien connue (*mashhūr*) et est rapportée dans les livres de *ḥadīth* avec chaine de transmission. *Al-Ḥārith b. Abū Ussama* l'a rapportée dans son *Musnad* et d'autres. L'auteur a raisonnablement compris qu'il l'avait vu à l'état d'éveil (*yaqaẓah*), car s'il ne l'avait pas compté parmi les prodiges (*karāmāt*), [cela aurait été en rêve]. Cependant, les visions durant les rêves sont possibles pour tout le monde et ne sont pas des évènements surnaturels qui sont comptés parmi les prodiges (*karāmāt*). De plus [même] ceux qui renient les prodiges des saints (*awliyāʾ*) ne renient pas ce fait.

---

[9] Ville en Iran.

وَمِنْهُمْ عُمَرُ بْنُ الْخَطَّابِ - رَضِيَ اللَّهُ عَنْهُ - فِي قِصَّةِ سَارِيَةَ حَيْثُ نَادَى وَهُوَ فِي الْخُطْبَةِ: **يَا سَارِيَةُ الْجَبَلَ الْجَبَلَ**، فَأَسْمَعَ اللَّهُ سَارِيَةَ كَلَامَهُ وَهُوَ بِنَهَاوَنْدَ، وَقِصَّتُهُ مَعَ نِيلِ مِصْرَ وَمُرَاسَلَتُهُ إِيَّاهُ وَجَرَيَانُهُ بَعْدَ انْقِطَاعِهِ.

وَمِنْهُمْ عُثْمَانُ بْنُ عَفَّانَ - رَضِيَ اللَّهُ عَنْهُ - قَالَ عَبْدُ اللَّهِ بْنُ سَلَامٍ: ثُمَّ أَتَيْتُ عثمان لِأُسَلِّمَ عَلَيْهِ - وَهُوَ مَحْصُورٌ - فَقَالَ: مَرْحَبًا بِأَخِي، رَأَيْتُ رَسُولَ اللَّهِ (ﷺ) فِي هَذِهِ الْخُوخَةِ فَقَالَ: **يَا عُثْمَان حَصَرُوكَ**؟ قُلْتُ: نَعَمْ، قَالَ: **عَطَّشُوكَ**؟ قُلْتُ: نَعَمْ، فَأَدْلَى لِي دَلْوًا فِيهِ مَاءٌ فَشَرِبْتُ حَتَّى رَوِيتُ حَتَّى إِنِّي لَأَجِدُ بَرْدَهُ بَيْنَ ثَدْيَيَّ وَبَيْنَ كَتِفَيَّ، فَقَالَ: **إِنْ شِئْتَ نُصِرْتَ عَلَيْهِمْ، وَإِنْ شِئْتَ أَفْطَرْتَ عِنْدَنَا**، فَاخْتَرْتُ أَنْ أُفْطِرَ عِنْدَهُ، فَقُتِلَ ذَلِكَ الْيَوْمَ. انْتَهَى.

وَهَذِهِ الْقِصَّةُ مَشْهُورَةٌ عَنْ عُثْمَان - مُخَرَّجَةٌ فِي كُتُبِ الْحَدِيثِ بِالْإِسْنَادِ - أَخْرَجَهَا الْحَارِث بْن أَبِي أُسَامَة فِي مُسْنَدِهِ وَغَيْرُهُ، وَقَدْ فَهِمَ الْمُنْصِفُ مِنْهَا أَنَّهَا رُؤْيَةُ يَقَظَةٍ، وَإِنْ لَمْ يَصْلُحْ عَدُّهَا فِي الْكَرَامَاتِ؛ لِأَنَّ رُؤْيَةَ الْمَنَامِ يَسْتَوِي فِيهَا كُلُّ أَحَدٍ، وَلَيْسَتْ مِنَ الْخَوَارِقِ الْمَعْدُودَةِ فِي كَرَامَاتٍ وَلَا يُنْكِرُهَا مَنْ يُنْكِرُ كَرَامَاتِ الْأَوْلِيَاءِ.

Il y a encore ce qu'a mentionné *Ibn Bāṭīs* dans ce livre en disant : « Parmi eux se trouvent *Abū al-Ḥusayn Muḥammad b. Samʿūn al-Baghdādī al-Ṣūfī. Abū Ṭāhir Muḥammad b. ʿAlī al-ʿAlān* qui a dit :

'J'étais un jour en compagnie d'*Abū al-Ḥusayn b. Samʿūn* dans une assise de prédication et il était assis sur sa chaire en parlant. Lorsqu'*Abū al-Fatḥ al-Qawwāsu* s'assis à côté de la chaire, ce dernier perdit connaissance et s'endormit. Alors *Abū al-Ḥussayn* se retint de parler durant une heure jusqu'à ce que la tête d'*Abū al-Fatḥ* se lève et qu'il se réveille. Alors *Abū al-Ḥusayn* lui dit : **'As-tu vu le Prophète** (ﷺ) **dans ton sommeil ?'** Il répondit 'Oui.' *Abū al-Ḥusayn* dit : **'C'est pour cela que je me suis abstenu de parler de peur que tu m'entendes et que te réveilles de l'état dans lequel tu étais.'** Ainsi cela nous informe qu'*Ibn Masʿūn* a vu le Prophète (ﷺ) à l'état d'éveil (*yaqaza*) et *Abū al-Fatḥ* dans son sommeil. »

Abū Bakr b. Abyaḍ a dit dans son « *Juz'* » : « J'ai entendu *Abū al-Ḥassan Bunān al-Hammāl* l'ascète dire : 'Un d'entre nos compagnons m'a rapporté : 'Un homme à la Mecque était connu sous le nom de *Ibn Thābit*. Quand il sortait de la Mecque vers Médine, durant soixante ans, chaque fois qu'il passait le salut au Messager d'*Allāh* (ﷺ), ce dernier le lui rendait. Quand il eut soixante et quelques années, il mettait du temps dans ses tâches ou bien avait une excuse.' Il dit : 'Quand il était assis dans la chambre entre le sommeil et l'éveil, il vit le Prophète (ﷺ) qui lui dit : **'Ô *Ibn Thabīt* ! Tu ne nous rends pas visite alors nous te rendons visite'** »

وَمِمَّا ذَكَرَهُ ابْن بَاطِيس فِي هَذَا الْكِتَابِ قَالَ: وَمِنْهُمْ أَبُو الْحُسَيْنِ مُحَمَّدُ بْنُ سَمْعُونَ الْبَغْدَادِيُّ الصُّوفِيُّ. قَالَ أَبُو طَاهِر مُحَمَّد بْن عَلِي الْعَلَّان:

حَضَرْتُ أَبَا الْحُسَيْنِ بْنَ سَمْعُونَ يَوْمًا فِي مَجْلِسِ الْوَعْظِ وَهُوَ جَالِسٌ عَلَى كُرْسِيِّهِ يَتَكَلَّمُ فَكَانَ أَبُو الْفَتحِ الْقَوَّاسُ جَالِسًا إِلَى جَنْبِ الْكُرْسِيّ فَغَشِيَهُ النُّعَاسُ وَنَامَ، فَأَمْسَكَ أبو الحسين سَاعَةً عَنِ الْكَلَامِ حَتَّى اسْتَيْقَظَ أَبُو الْفَتْح وَرَفَعَ رَأْسَهُ، فَقَالَ لَهُ أَبُو الْحُسَين: **رَأَيْتَ النَّبِيَّ ﷺ فِي نَوْمِكَ؟** قَالَ: نَعَمْ، قَالَ أَبُو الْحُسَين: **لِذَلِكَ أَمْسَكْتُ عَنِ الْكَلَامِ خَوفَ أَنْ تَنْزَعِجَ وَيَنْقَطِعَ مَا كُنْتَ فِيهِ،** فَهَذَا يُشْعِرُ بِأَنَّ ابْنَ سَمْعُونَ رَأَى النَّبِيَّ ﷺ يَقَظَةً لَمَّا حَضَرَ وَرَآهُ أبو الفتح فِي نَوْمِهِ.

وَقَالَ أَبُو بَكْر بْن أَبْيَض فِي جُزْئِهِ: سَمِعْتُ أَبَا الْحَسَنِ بَنَانًا الْحَمَّالَ الزَّاهِدَ يَقُولُ: حَدَّثَنِي بَعْضُ أَصْحَابِنَا قَالَ: كَانَ بِمَكَّةَ رَجُلٌ يُعْرَفُ بابن ثابت قَدْ خَرَجَ مِنْ مَكَّةَ إِلَى الْمَدِينَةِ سِتِّينَ سَنَةً لَيْسَ إِلَّا لِلسَّلَامِ عَلَى رَسُولِ اللَّهِ ﷺ وَيَرْجِعُ، فَلَمَّا كَانَ فِي بَعْضِ السِّنِينَ تَخَلَّفَ لِشُغْلٍ أَوْ سَبَبٍ فَقَالَ: بَيْنَا هُوَ قَاعِدٌ فِي الْحُجْرَةِ بَيْنَ النَّائِمِ وَالْيَقْظَانِ إِذْ رَأَى النَّبِيَّ ﷺ وَهُوَ يَقُولُ: **يَا ابْن ثَابِت لَمْ تَزُرْنَا فَزُرْنَاك.**

Remarques

Premièrement, la plupart des visions du Prophète (ﷺ) à l'état d'éveil sont faites par le cœur jusqu'à ce qu'on soit favorisé de la vision par les yeux. On a rapporté précédemment les paroles du *Qāḍī Abū Bakr b. al-ʿArabī*. Mais la « vision par les yeux » n'est pas comme la vision commune aux gens qui se voient entre eux. Ici, cette rencontre est un état spirituel, un état surnaturel et une rencontre dans le monde intermédiaire (*barzakh*). Personne ne connait sa véritable signification si ce n'est celui qui le vit. On a rapporté précédemment l'histoire du *Shaykh ʿAbdallāh al-Dalāṣī* qui, lorsque l'*Imām* se sacralisa [pour la prière, il dit] : « je me sacralisais et on m'a alors tiré et j'ai été pris de la vision du Messager d'*Allāh* (ﷺ). » Dans ces paroles il indique qu'il a été pris dans cet état spirituel (*ḥāl*).

Deuxièmement, est-ce que la vision de l'essence (*dhāt*) d'*al-Muṣṭafā* (ﷺ) se réfère à sa vision avec son corps et son esprit (*rūḥ*) ou bien à une figuration (*mithāl*) ? Les maitres des états spirituels qui l'ont vu disent que c'est ce deuxième choix [une figuration,] et *al-Ghazālī* insista dessus en disant : « Cela ne signifie pas qu'il voit son corps et sa chair ; plutôt, c'est une ressemblance, une forme qui incorpore sa ressemblance. Une telle forme (*ālah*) est quelquefois réelle (*ḥaqīqah*) et quelquefois imaginaire ; et l'âme (*nafs*) n'est pas une ressemblance imaginaire. Ainsi ce qu'il voit n'est pas l'esprit (*rūḥ*) d'*al-Muṣṭafā* ni sa personne ; plutôt c'est une réalité de sa ressemblance. » Il dit ensuite : « Et cela est semblable à la vision d'*Allāh* dans un rêve ; car Son être (*dhāt*) est exempt d'avoir une forme et une image. Cependant, le serviteur réalise [qu'il a vu *Allāh*] par la reconnaissance d'exemples qu'il peut discerner de Sa Lumière etc. Dans cet exemple, la ressemblance est vraie et permet de Le reconnaitre afin qu'un homme puisse dire : 'J'ai vu *Allāh* dans un rêve'. Il ne veut pas dire qu'il a vu l'essence (*dhāt*) d'*Allāh* qui est totalement différent du fait de voir autre chose [parmi la création]. » Fin de citation.

تَنْبِيهَاتٌ

الْأَوَّلُ: أَكْثَرُ مَا تَقَعُ رُؤْيَةُ النَّبِيِّ ﷺ فِي الْيَقَظَةِ بِالْقَلْبِ ثُمَّ يَتَرَقَّى إِلَى أَنْ يُرَى بِالْبَصَرِ، وَقَدْ تَقَدَّمَ الْأَمْرَانِ فِي كَلَامِ الْقَاضِي أَبِي بَكْرِ بْنِ الْعَرَبِيِّ، لَكِنْ لَيْسَتِ الرُّؤْيَةُ الْبَصَرِيَّةُ كَالرُّؤْيَةِ الْمُتَعَارَفَةِ عِنْدَ النَّاسِ مِنْ رُؤْيَةِ بَعْضِهِمْ لِبَعْضٍ، وَإِنَّمَا هِيَ جَمْعِيَّةٌ حَالِيَّةٌ وَحَالَةٌ بَرْزَخِيَّةٌ وَأَمْرٌ وُجْدَانِيٌّ لَا يُدْرِكُ حَقِيقَتَهُ إِلَّا مَنْ بَاشَرَهُ، وَقَدْ تَقَدَّمَ عَنِ الشَّيْخِ عبد الله الدلاصي، فَلَمَّا أَحْرَمَ الْإِمَامُ وَأَحْرَمْتُ أَخَذَتْنِي أَخْذَةٌ فَرَأَيْتُ رَسُولَ اللَّهِ ﷺ فَأَشَارَ بِقَوْلِهِ أَخَذَةٌ إِلَى هَذِهِ الْحَالَةِ.

الثَّانِي: هَلِ الرُّؤْيَةُ لِذَاتِ الْمُصْطَفَى ﷺ بِجِسْمِهِ وَرُوحِهِ أَوْ لِمِثَالِهِ؟ الَّذِينَ رَأَيْتُهُمْ مِنْ أَرْبَابِ الْأَحْوَالِ يَقُولُونَ بِالثَّانِي وَبِهِ صَرَّحَ الْغَزَالِيُّ فَقَالَ: لَيْسَ الْمُرَادُ أَنَّهُ يُرَى جِسْمُهُ وَبَدَنُهُ بَلْ مِثَالًا لَهُ صَارَ ذَلِكَ الْمِثَالُ آلَةً يَتَأَدَّى بِهَا الْمَعْنَى الَّذِي فِي نَفْسِهِ، قَالَ: وَالْآلَةُ تَارَةً تَكُونُ حَقِيقَةً وَتَارَةً تَكُونُ خَيَالِيَّةً، وَالنَّفْسُ غَيْرُ الْمِثَالِ الْمُتَخَيَّلِ، فَمَا رَآهُ مِنَ الشَّكْلِ لَيْسَ هُوَ رُوحَ الْمُصْطَفَى وَلَا شَخْصَهُ بَلْ هُوَ مِثَالٌ لَهُ عَلَى التَّحْقِيقِ، قَالَ: وَمِثْلُ ذَلِكَ مَنْ يَرَى اللَّهَ تَعَالَى فِي الْمَنَامِ فَإِنَّ ذَاتَهُ مُنَزَّهَةٌ عَنِ الشَّكْلِ وَالصُّورَةِ، وَلَكِنْ تَنْتَهِي تَعْرِيفَاتُهُ إِلَى الْعَبْدِ بِوَاسِطَةِ مِثَالٍ مَحْسُوسٍ مِنْ نُورٍ أَوْ غَيْرِهِ، وَيَكُونُ ذَلِكَ الْمِثَالُ حَقًّا فِي كَوْنِهِ وَاسِطَةً فِي التَّعْرِيفِ فَيَقُولُ الرَّائِي: رَأَيْتُ اللَّهَ فِي الْمَنَامِ، لَا يَعْنِي أَنِّي رَأَيْتُ ذَاتَ اللَّهِ كَمَا تَقُولُ فِي حَقِّ غَيْرِهِ. انْتَهَى.

Le *Qāḍī Abū Bakr b. al-ʿArabī* a tranché en disant : « La vision du Prophète (ﷺ) d'une manière qui correspond à sa description bien connue reflète la réalité (*ḥaqīqah*) ; et sa vision d'une manière qui ne correspond pas à sa description reflète une ressemblance (*mithāl*). »

Ce qu'il a dit est une belle explication. Cela ne réfute en rien la vision de son être (*dhāt*) béni par son corps et son esprit (*rūḥ*), cela, car il (ﷺ) est vivant tout comme les autres prophètes, et leurs âmes ont été rendues à leurs corps après qu'ils expérimentèrent la mort [promise]. Ils peuvent sortir de leur tombe et peuvent interférer aussi bien dans le monde des significations spirituelles (*malakūt*) célestes que ceux terrestres. *Al-Bayhaqī* a composé un ouvrage concernant la vie des prophètes [après leur mort].

Il a dit dans « *Dalā'il al-nubuwwa* » : « Les prophètes sont vivants auprès de leur Seigneur tout comme les martyrs. » Et il dit dans le livre de la croyance : « Après que les esprits soient retirés des Prophètes, ils leur sont retournés et sont alors vivants auprès de leur Seigneur comme les martyrs. »

Et le professeur *Abū Manṣūr ʿAbd al-Qāhir b. Ṭāhir al-Baghdādī* a dit : « Les théologiens spécialistes de l'authentification (*al-mutakallimūn al-muḥaqqiqūn*) parmi nos compagnons ont dit que notre Prophète (ﷺ) est vivant après sa mort et qu'il est informé des bonnes nouvelles concernant l'obéissance de sa communauté et qu'il est triste lorsque quelqu'un pèche parmi elle. Il reçoit les prières de ceux qui prient sur lui dans sa communauté. » Il a dit : « La terre ne décompose ni n'engloutit quoi que ce soit des prophètes. Moïse est mort durant son époque et notre Prophète (ﷺ) informa qu'il le vit dans sa tombe en train de prier. Il est mentionné dans le *ḥadīth* du *Miʿrāj* qu'il le vit dans le quatrième ciel et qu'il vit Adam et Abraham. Et lorsque cette base est claire pour nous, nous disons : 'Notre Prophète (ﷺ) est retourné à la vie après sa mort et il est sur sa prophétie.' » Fin de citation

وَفَصَّلَ الْقَاضِي أَبُو بَكْرِ بْنُ الْعَرَبِيِّ فَقَالَ: رُؤْيَةُ النَّبِيِّ ﷺ بِصِفَتِهِ الْمَعْلُومَةِ إِدْرَاكٌ عَلَى الْحَقِيقَةِ، وَرُؤْيَتُهُ عَلَى غَيْرِ صِفَتِهِ إِدْرَاكٌ لِلْمِثَالِ.

وَهَذَا الَّذِي قَالَهُ فِي غَايَةِ الْحُسْنِ، وَلَا يَمْتَنِعُ رُؤْيَةُ ذَاتِهِ الشَّرِيفَةِ بِجَسَدِهِ وَرُوحِهِ، وَذَلِكَ لِأَنَّهُ ﷺ وَسَائِرَ الْأَنْبِيَاءِ أَحْيَاءٌ رُدَّتْ إِلَيْهِمْ أَرْوَاحُهُمْ بَعْدَ مَا قُبِضُوا وَأُذِنَ لَهُمْ بِالْخُرُوجِ مِنْ قُبُورِهِمْ وَالتَّصَرُّفِ فِي الْمَلَكُوتِ الْعُلْوِيِّ وَالسُّفْلِيِّ، وَقَدْ أَلَّفَ الْبَيْهَقِيُّ جُزْءًا فِي حَيَاةِ الْأَنْبِيَاءِ.

وَقَالَ فِي دَلَائِلِ النُّبُوَّةِ: الْأَنْبِيَاءُ أَحْيَاءٌ عِنْدَ رَبِّهِمْ كَالشُّهَدَاءِ؛ وَقَالَ فِي كِتَابِ الِاعْتِقَادِ: الْأَنْبِيَاءُ بَعْدَ مَا قُبِضُوا رُدَّتْ إِلَيْهِمْ أَرْوَاحُهُمْ فَهُمْ أَحْيَاءٌ عِنْدَ رَبِّهِمْ كَالشُّهَدَاءِ.

وَقَالَ الْأُسْتَاذُ أَبُو مَنْصُورٍ عَبْدُ الْقَاهِرِ بْنُ طَاهِرٍ الْبَغْدَادِيُّ: قَالَ الْمُتَكَلِّمُونَ الْمُحَقِّقُونَ مِنْ أَصْحَابِنَا أَنَّ نَبِيَّنَا ﷺ حَيٌّ بَعْدَ وَفَاتِهِ وَأَنَّهُ يُبَشَّرُ بِطَاعَاتِ أُمَّتِهِ وَيَحْزَنُ بِمَعَاصِي الْعُصَاةِ مِنْهُمْ، وَأَنَّهُ تَبْلُغُهُ صَلَاةُ مَنْ يُصَلِّي عَلَيْهِ مِنْ أُمَّتِهِ، وَقَالَ: إِنَّ الْأَنْبِيَاءَ لَا يَبْلُونَ وَلَا تَأْكُلُ الْأَرْضُ مِنْهُمْ شَيْئًا، وَقَدْ مَاتَ مُوسَى فِي زَمَانِهِ فَأَخْبَرَ نَبِيُّنَا ﷺ أَنَّهُ رَآهُ فِي قَبْرِهِ مُصَلِّيًا، وَذَكَرَ فِي حَدِيثِ الْمِعْرَاجِ أَنَّهُ رَآهُ فِي السَّمَاءِ الرَّابِعَةِ وَرَأَى آدَمَ وَإِبْرَاهِيمَ، وَإِذَا صَحَّ لَنَا هَذَا الْأَصْلُ قُلْنَا: نَبِيُّنَا ﷺ قَدْ صَارَ حَيًّا بَعْدَ وَفَاتِهِ وَهُوَ عَلَى نُبُوَّتِهِ. انْتَهَى.

Al-Qurṭubī a dit dans « *al-Tadhkira* » dans le *ḥadīth* de l'Évanouissement (*ṣa ʿqah*) mentionné par son *shaykh* :

« La mort n'est pas un néant absolu, mais plutôt c'est une transition d'un état à un autre. La preuve de cela est qu'après que les martyrs soient tués, ils sont vivants et obtiennent subsistance. Ils sont heureux et reçoivent la bonne nouvelle et cela sont les caractéristiques de la vie dans ce monde. Si les martyrs bénéficient de cela, alors les Prophètes en sont plus méritants voir même méritent des choses bien au-delà de tout cela. Il est établi que la terre n'engloutit pas les corps des Prophètes ; en effet il (ﷺ) rencontra des prophètes durant la nuit de l'Ascension à *Bayt al-Maqdis*, dans les cieux et il vit également Moïse prier dans sa tombe. Il (ﷺ) informa également qu'il répond à quiconque le salue. Ce que nous comprenons de la mort des Prophètes c'est qu'ils sont cachés de nous [dans le monde invisible, *ghayb*]. Cependant, ils sont présents tout en étant vivant et leur état est semblable à celui des anges qui sont également présents et vivants, mais qui ne peuvent pas être vu sauf par ceux dont *Allāh* a gratifié d'un prodige (*karāmat*). » Fin de citation.

Abū Ya ʿlā a rapporté dans son *Musnad* ainsi qu'*al-Bayhāqī* dans le livre « *Ḥayā al-anbiyā'* » d'après *Anas* que le Prophète (ﷺ) a dit : **« Les Prophètes sont vivants dans leur tombe et ils prient. »**

Et *al-Bayhaqī* a rapporté d'après *Anas* d'après le Prophète (ﷺ) qu'il a dit : **« Les Prophètes ne sont pas laissés dans leur tombe plus de quarante nuits, mais ils prient auprès d'*Allāh* jusqu'à ce que l'on souffle dans la Trompe. »**

وَقَالَ الْقُرْطُبِي فِي التَّذْكِرَةِ فِي حَدِيثِ الصَّعْقَةِ نَقْلًا عَنْ شَيْخِهِ:

الْمَوْتُ لَيْسَ بِعَدَمٍ مَحْضٍ، وَإِنَّمَا هُوَ انْتِقَالٌ مِنْ حَالٍ إِلَى حَالٍ، وَيَدُلُّ عَلَى ذَلِكَ أَنَّ الشُّهَدَاءَ بَعْدَ قَتْلِهِمْ وَمَوْتِهِمْ أَحْيَاءٌ يُرْزَقُونَ فَرِحِينَ مُسْتَبْشِرِينَ، وَهَذِهِ صِفَةُ الْأَحْيَاءِ فِي الدُّنْيَا، وَإِذَا كَانَ هَذَا فِي الشُّهَدَاءِ فَالْأَنْبِيَاءُ أَحَقُّ بِذَلِكَ وَأَوْلَى، وَقَدْ صَحَّ أَنَّ الْأَرْضَ لَا تَأْكُلُ أَجْسَادَ الْأَنْبِيَاءِ، وَأَنَّهُ ﷺ اجْتَمَعَ بِالْأَنْبِيَاءِ لَيْلَةَ الْإِسْرَاءِ فِي بَيْتِ الْمَقْدِسِ وَفِي السَّمَاءِ وَرَأَى مُوسَى قَائِمًا يُصَلِّي فِي قَبْرِهِ، وَأَخْبَرَ ﷺ أَنَّهُ يَرُدُّ السَّلَامَ عَلَى كُلِّ مَنْ يُسَلِّمُ عَلَيْهِ إِلَى غَيْرِ ذَلِكَ مِمَّا يَحْصُلُ مِنْ جُمْلَتِهِ الْقَطْعُ بِأَنَّ مَوْتَ الْأَنْبِيَاءِ إِنَّمَا هُوَ رَاجِعٌ إِلَى أَنْ غُيِّبُوا عَنَّا بِحَيْثُ لَا نُدْرِكُهُمْ وَإِنْ كَانُوا مَوْجُودِينَ أَحْيَاءً، وَذَلِكَ كَالْحَالِ فِي الْمَلَائِكَةِ فَإِنَّهُمْ مَوْجُودِينَ أَحْيَاءً وَلَا يَرَاهُمْ أَحَدٌ مِنْ نَوْعِنَا إِلَّا مَنْ خَصَّهُ اللَّهُ تَعَالَى بِكَرَامَتِهِ. انْتَهَى.

وَأَخْرَجَ أبو يعلى فِي مُسْنَدِهِ وَالْبَيْهَقِيُّ فِي كِتَابِ حَيَاةِ الْأَنْبِيَاءِ عَنْ أَنَسٍ أَنَّ النَّبِيَّ ﷺ قَالَ: « **الْأَنْبِيَاءُ أَحْيَاءٌ فِي قُبُورِهِمْ يُصَلُّونَ.** »

وَأَخْرَجَ الْبَيْهَقِيُّ عَنْ أَنَسٍ عَنِ النَّبِيِّ ﷺ قَالَ: « **إِنَّ الْأَنْبِيَاءَ لَا يُتْرَكُونَ فِي قُبُورِهِمْ بَعْدَ أَرْبَعِينَ لَيْلَةً وَلَكِنَّهُمْ يُصَلُّونَ بَيْنَ يَدَيِ اللَّهِ تَعَالَى حَتَّى يُنْفَخَ فِي الصُّورِ.** »

Et *Sufyān al-Thawrī* l'a rapporté dans « *al-Jāmiʿ* » : « Notre *Shaykh* nous a dit que *Saʿīd b. al-Musayyib* a dit : **'Un Prophète n'est pas laissé dans sa tombe plus de quarante nuits jusqu'à ce qu'il soit élevé.'** »

Al-Bayhaqī a dit : « Par cela, ils redeviennent comme tous les vivants dans un endroit où *Allāh* les a élevés. Et *ʿAbd al-Razzāq* a rapporté dans son *Muṣannaf* d'après *al-Thawrī* d'après *Abū al-Miqdām* d'après *Saʿīd b. al-Musayyib* qui a dit : **'Lorsqu'un Prophète meurt, il ne reste pas sur terre plus de quarante jours.'** » Et *Abū al-Miqdām* est *Thābit b. Harmaz* [*al-Kūfī*] qui est un *shaykh* pieux.

Ibn Ḥibbān a rapporté dans son « *Tārikh* », *al-Ṭabarānī* dans « *al-Kabīr* », et *Abū Nuʿaym* dans « *al-Ḥilyat* » d'après *Anas* qui a dit : Le Messager d'*Allāh* (ﷺ) a dit : **« Un Prophète mort n'est pas laissé dans sa tombe plus de quarante matinées. »**

L'*Imām al-Ḥaramayn dit* dans « *al-Nihāya* » puis *al-Rāfiʿī* dans le commentaire : « Il est rapporté que le Prophète (ﷺ) a dit : **'Mon Seigneur m'a accordé que je ne serais pas laissé dans ma tombe plus de trois.'** Et l'*Imām al-Ḥaramayn* a rajouté : Il est rapporté : **'plus de deux jours'** ». Et *Abū al-Ḥassan b. al-Zāghūnī al-Ḥanbalī* a mentionné dans certains de ses livres un récit mentionnant qu'*Allāh* ne laisse pas un Prophète dans sa tombe plus de la moitié d'un jour.

Et l'*Imām Badr al-Dīn b. al-Ṣāḥib* a dit dans son « *Tadkhirat* » au chapitre concernant sa (ﷺ) vie après sa mort dans le monde intermédiaire (*barzakh*) : « Cela est prouvé par ce que le Législateur a clairement mentionné. Dans le Coran, Ses paroles : ﴾ ***Et ne pensez pas que ceux qui sont tués dans le sentier d'Allāh sont morts, plutôt ils sont vivants auprès de leur seigneur, bien pourvu*** ﴿ [S.3/V.169].

وَرَوَى سُفْيَانُ الثَّوْرِيُّ فِي الْجَامِعِ قَالَ: قَالَ شَيْخٌ لَنَا عَنْ سَعِيدِ بْنِ الْمُسَيِّبِ قَالَ: **مَا مَكَثَ نَبِيٌّ فِي قَبْرِهِ أَكْثَرَ مِنْ أَرْبَعِينَ لَيْلَةً حَتَّى يُرْفَعَ.**

قَالَ الْبَيْهَقِيُّ: فَعَلَى هَذَا يَصِيرُونَ كَسَائِرِ الْأَحْيَاءِ يَكُونُونَ حَيْثُ يُنْزِلُهُمُ اللَّهُ تَعَالَى، وَرَوَى عبد الرزاق فِي مُصَنَّفِهِ عَنِ الثَّوْرِيِّ عَنْ أَبِي الْمِقْدَام عَنْ سَعِيدِ بْنِ الْمُسَيِّبِ قَالَ: مَا مَكَثَ نَبِيٌّ فِي الْأَرْضِ أَكْثَرَ مِنْ أَرْبَعِينَ يَوْمًا، وأَبُو الْمِقْدَام هُوَ ثَابِت بْن هُرْمَز [الْكُوفِي] شَيْخٌ صَالِحٌ.

وَأَخْرَجَ ابْنُ حِبَّانَ فِي تَارِيخِهِ وَالطَّبَرَانِيُّ فِي الْكَبِيرِ، وأبو نعيم فِي الْحِلْيَةِ عَنْ أَنَسٍ قَالَ: قَالَ رَسُولُ اللَّهِ ﷺ « **مَا مِنْ نَبِيٍّ يَمُوتُ فَيُقِيمُ فِي قَبْرِهِ إِلَّا أَرْبَعِينَ صَبَاحًا** »

وَقَالَ إِمَام الْحَرَمَيْنِ فِي النِّهَايَةِ ثُمَّ الرافعي فِي الشَّرْحِ: رُوِيَ أَنَّ النَّبِيَّ ﷺ قَالَ: « **أَنَا أَكْرَمُ عَلَيَّ رَبِّي مِنْ أَنْ يَتْرُكَنِي فِي قَبْرِي بَعْدَ ثَلَاثٍ** » زَادَ إِمَام الْحَرَمَيْنِ: وَرُوِيَ: **أَكْثَرَ مِنْ يَوْمَيْنِ**، وَذَكَرَ أَبُو الْحَسَنِ بْنُ الزَّاغُونِيِّ الْحَنْبَلِيُّ فِي بَعْضِ كُتُبِهِ حَدِيثًا أَنَّ اللَّهَ لَا يَتْرُكُ نَبِيًّا فِي قَبْرِهِ أَكْثَرَ مِنْ نِصْفِ يَوْمٍ.

وَقَالَ الْإِمَامُ بَدْر الدِّين بْن الصَّاحِب فِي تَذْكِرَتِهِ فَصْلٌ فِي حَيَاتِهِ ﷺ بَعْدَ مَوْتِهِ فِي الْبَرْزَخِ، وَقَدْ دَلَّ عَلَى ذَلِكَ تَصْرِيحُ الشَّارِعِ وَإِيمَاؤُهُ، وَمِنَ الْقُرْآنِ قَوْلُهُ تَعَالَى: ﴿ **وَلَا تَحْسَبَنَّ الَّذِينَ قُتِلُوا فِي سَبِيلِ اللَّهِ أَمْوَاتًا بَلْ أَحْيَاءٌ عِنْدَ رَبِّهِمْ يُرْزَقُونَ** ﴾

Ainsi cet état, qui n'est autre que la vie dans le monde intermédiaire (*barzakh*) après la mort contient les martyrs de la communauté. Leur état est très élevé et meilleur que ceux qui n'ont pas ce rang dans le monde intermédiaire (*barzakh*). Il n'y a pas une seule personne dans la communauté qui a un rang plus élevé que celui du Prophète (ﷺ), plutôt ils [le martyrs] ont obtenu ce rang en le soutenant et en le suivant, et également, car ils méritaient ce rang par le fait d'être martyr. Mais le Prophète (ﷺ) détient le rang de martyr par la perfection de son être. Et il (ﷺ) a dit : **'J'ai rencontré Moïse durant le Voyage Nocturne près de la dune rouge et il était debout en train de prier dans sa tombe.'**

Cela explicite l'établissement de la vie de Moïse, car il est décrit comme étant en prière et debout. Comme cela ne peut être attribué comme caractéristique pour l'esprit, cette description est forcément physique. Dans la mention spécifique [de son être] dans la tombe il y a aussi une preuve de cela, car s'il avait décrit une âme, il ne se serait pas appuyé sur la mention spécifique de la tombe. Ainsi donc personne ne dit que les esprits des prophètes sont emprisonnés dans la tombe avec leurs corps ou que les esprits des martyrs ou des croyants dans le Paradis le sont.

Dans le *ḥadīth* d'*Ibn ʿAbbās* : 'Nous voyagions avec le Messager d'*Allāh* (ﷺ) entre La Mecque et Médine quand il dit, en passant par une vallée : **'Quelle est cette vallée ?'** On lui dit : 'C'est la vallée d'*al-Azraq*.' Et il répondit : **'C'est comme si je voyais Moïse mettant deux doigts dans ses oreilles et élevant sa voix vers *Allāh* par la *talbiya* en passant par cette vallée.'** Puis nous poursuivîmes notre chemin jusqu'à ce que nous fûmes parvenus à une colline et il dit : **'C'est comme si je voyais *Yūnus* sur une chamelle rouge et vêtue d'une robe de laine passant par cette vallée en faisant la *talbiya*.'**

فَهَذِهِ الْحَالَةُ وَهِيَ الْحَيَاةُ فِي الْبَرْزَخِ بَعْدَ الْمَوْتِ حَاصِلَةٌ لِآحَادِ الْأُمَّةِ مِنَ الشُّهَدَاءِ، وَحَالُهُمْ أَعْلَى وَأَفْضَلُ مِمَّنْ تَكُنْ لَهُ هَذِهِ الرُّتْبَةُ لَا سِيَّمَا فِي الْبَرْزَخِ، وَلَا تَكُونُ رُتْبَةُ أَحَدٍ مِنَ الْأُمَّةِ أَعْلَى مِنْ رُتْبَةِ النَّبِيِّ ﷺ بَلْ إِنَّمَا حَصَلَ لَهُمْ هَذِهِ الرُّتْبَةُ بِتَزْكِيَتِهِ وَتَبَعِيَّتِهِ، وَأَيْضًا فَإِنَّمَا اسْتَحَقُّوا هَذِهِ الرُّتْبَةَ بِالشَّهَادَةِ وَالشَّهَادَةِ حَاصِلَةٌ لِلنَّبِيِّ ﷺ عَلَى أَتَمِّ الْوُجُوهِ، وَقَالَ ﷺ :« **مَرَرْتُ عَلَى مُوسَى لَيْلَةَ أُسْرِيَ بِي عِنْدَ الْكَثِيبِ الْأَحْمَرِ وَهُوَ قَائِمٌ يُصَلِّي فِي قَبْرِهِ.** »

وَهَذَا صَرِيحٌ فِي إِثْبَاتِ الْحَيَاةِ لِمُوسَى فَإِنَّهُ وَصَفَهُ بِالصَّلَاةِ وَأَنَّهُ كَانَ قَائِمًا، وَمِثْلُ هَذَا لَا يُوصَفُ بِهِ الرُّوحُ وَإِنَّمَا وُصِفَ بِهِ الْجَسَدُ، وَفِي تَخْصِيصِهِ بِالْقَبْرِ دَلِيلٌ عَلَى هَذَا، فَإِنَّهُ لَوْ كَانَ مِنْ أَوْصَافِ الرُّوحِ لَمْ يَحْتَجْ لِتَخْصِيصِهِ بِالْقَبْرِ، فَإِنَّ أَحَدًا لَمْ يَقُلْ أَنَّ أَرْوَاحَ الْأَنْبِيَاءِ مَسْجُونَةٌ فِي الْقَبْرِ مَعَ الْأَجْسَادِ، وَأَرْوَاحُ الشُّهَدَاءِ أَوِ الْمُؤْمِنِينَ فِي الْجَنَّةِ.

وَفِي حَدِيثِ ابْنِ عَبَّاسٍ: « سِرْنَا مَعَ رَسُولِ اللَّهِ ﷺ بَيْنَ مَكَّةَ وَالْمَدِينَةِ فَمَرَرْنَا بِوَادٍ فَقَالَ: **أَيُّ وَادٍ هَذَا؟** فَقَالُوا: وَادِي الْأَزْرَقِ، فَقَالَ: **كَأَنِّي أَنْظُرُ إِلَى مُوسَى وَاضِعًا أُصْبُعَيْهِ فِي أُذُنَيْهِ، لَهُ جُؤَارٌ إِلَى اللَّهِ بِالتَّلْبِيَةِ مَارًّا بِهَذَا الْوَادِي** ثُمَّ سِرْنَا حَتَّى أَتَيْنَا عَلَى ثَنِيَّةٍ قَالَ: **كَأَنِّي أَنْظُرُ إِلَى يُونُسَ عَلَى نَاقَةٍ حَمْرَاءَ عَلَيْهِ جُبَّةُ صُوفٍ مَارًّا بِهَذَا الْوَادِي مُلَبِّيًا.** »

Si on nous demande : « Comment leur pèlerinage et leur *talbiya* peuvent-ils être mentionnés [dans le récit] alors qu'ils sont morts et sont dans l'autre monde ne pouvant ainsi pas agir ? »

On répondra : « Les martyrs sont vivants auprès de leur Seigneur bien pourvu, cela n'empêche donc pas qu'ils effectuent le pèlerinage, la prière et se déplacent comme ils le veulent. Et même s'ils étaient dans l'autre monde, ils seraient dans ce monde ici-bas qui est la terre des actes durant la durée qu'ils veulent et jusqu'à ce qu'ils s'émancipent dans le monde futur qui est le monde de la récompense où les actions ne parviennent plus. Et cela est la formulation du *Qāḍī ʿIyāḍ*.

Si le *Qāḍī ʿIyāḍ* avait dit : 'Ils font le pèlerinage par leurs corps et sortent de leur tombe.' Alors comment pourrait-on réfuter le paradoxe du Prophète (ﷺ) dans sa tombe ? Car, le Prophète (ﷺ) lorsqu'il effectue le pèlerinage et prie alors son corps se situe dans les cieux et non pas enterré dans la tombe. » Fin de citation.

Ce que nous comprenons de toutes ces déclarations et de ces récits est que le Prophète (ﷺ) est vivant corps et esprit. Et il exerce autorité et marche comme il le veut sur terre et dans le monde des significations spirituelles (*malakūt*). Il est dans l'état dans lequel il était avant de mourir sans que rien n'ait changé en lui. Il est caché de nos yeux, comme les anges le sont alors qu'ils sont vivants dans leurs corps. Lorsqu'*Allāh* le veut, Il retire le voile de celui à qui il veut gratifier d'un prodige en permettant de le voir dans l'état dans lequel il est. Il n'y a aucune impossibilité à cela et il n'y a pas de problème s'il est vu en tant que ressemblance.

سُئِلَ هُنَا: كَيْفَ ذَكَرَ حَجَّهُمْ وَتَلْبِيَتَهُمْ وَهُمْ أَمْوَاتٌ وَهُمْ فِي الْأُخْرَى وَلَيْسَتْ دَارَ عَمَلٍ؟

وَأُجِيبَ: بِأَنَّ الشُّهَدَاءَ أَحْيَاءٌ عِنْدَ رَبِّهِمْ يُرْزَقُونَ فَلَا يَبْعُدُ أَنْ يَحُجُّوا وَيُصَلُّوا وَيَتَقَرَّبُوا بِمَا اسْتَطَاعُوا، وَأَنَّهُمْ وَإِنْ كَانُوا فِي الْأُخْرَى فَإِنَّهُمْ فِي هَذِهِ الدُّنْيَا الَّتِي هِيَ دَارُ الْعَمَلِ حَتَّى إِذَا فَنِيَتْ مُدَّتُهَا وَاعْتَقَبَتْهَا الْأُخْرَى الَّتِي هِيَ دَارُ الْجَزَاءِ انْقَطَعَ الْعَمَلُ، هَذَا لَفْظُ الْقَاضِي عِيَاضٍ.

فَإِذَا كَانَ الْقَاضِي عِيَاضٌ يَقُولُ: إِنَّهُمْ يَحُجُّونَ بِأَجْسَادِهِمْ وَيُفَارِقُونَ قُبُورَهُمْ، فَكَيْفَ يُسْتَنْكَرُ مُفَارَقَةُ النَّبِيِّ ﷺ لِقَبْرِهِ؟ فَإِنَّ النَّبِيَّ ﷺ إِذَا كَانَ حَاجًّا وَإِذَا كَانَ مُصَلِّيًا فَجَسَدُهُ فِي السَّمَاءِ وَلَيْسَ مَدْفُونًا فِي الْقَبْرِ. انْتَهَى.

فَحَصَلَ مِنْ مَجْمُوعِ هَذِهِ النُّقُولِ وَالْأَحَادِيثِ أَنَّ النَّبِيَّ ﷺ حَيٌّ بِجَسَدِهِ وَرُوحِهِ، وَأَنَّهُ يَتَصَرَّفُ وَيَسِيرُ حَيْثُ شَاءَ فِي أَقْطَارِ الْأَرْضِ وَفِي الْمَلَكُوتِ وَهُوَ بِهَيْئَتِهِ الَّتِي كَانَ عَلَيْهَا قَبْلَ وَفَاتِهِ لَمْ يَتَبَدَّلْ مِنْهُ شَيْءٌ، وَأَنَّهُ مُغَيَّبٌ عَنِ الْأَبْصَارِ كَمَا غُيِّبَتِ الْمَلَائِكَةُ مَعَ كَوْنِهِمْ أَحْيَاءً بِأَجْسَادِهِمْ، فَإِذَا أَرَادَ اللَّهُ رَفْعَ الْحِجَابِ عَمَّنْ أَرَادَ إِكْرَامَهُ بِرُؤْيَتِهِ رَآهُ عَلَى هَيْئَتِهِ الَّتِي هُوَ عَلَيْهَا، لَا مَانِعَ مِنْ ذَلِكَ، وَلَا دَاعِيَ إِلَى التَّخْصِيصِ بِرُؤْيَةِ الْمِثَالِ.

Troisièmement, certains demandent comment est-il possible de le voir à plusieurs endroits différents en même temps ?

On leur chantera alors : « *Semblable au soleil qui se trouve au milieu du ciel et dont la clarté enveloppe les pays d'est en ouest.* »

Et dans « *Manāqib al-shaykh Tāj al-Dīn b. ʿAṭā' Allāh* » d'après un de ses élèves qui a dit : « J'ai fait le pèlerinage, alors que je faisais la circumambulation (*ṭawāf*) j'ai vu le *Shaykh Tāj al-Dīn* en circumambulation (*ṭawāf*). J'ai alors eu l'intention de le saluer à la fin de celui-ci. Lorsque je terminai le *ṭawāf* je ne le vis plus. Puis je l'ai vu à *ʿArafah* et dans d'autres moments comme ceux-ci. Lorsque je revins au Caire, je demandai alors concernant le *Shaykh* et l'on me dit 'Très bien (*ṭayyib*).' J'ai alors dis : 'A-t-il voyagé ?' Il répondit : 'Non.' Je suis alors venu au *Shaykh* et je l'ai salué et il me dit : 'Qui as-tu vu ?' Je dis alors : 'Ô maitre ! Je t'ai vu !' Il dit : 'Ô untel ! Le grand homme rempli l'univers, même si une pierre appelait le pôle (*quṭb*) il répondrait.' »

Alors si le pôle (*quṭb*) est partout dans l'univers alors le maitre des messagers (ﷺ) est aux premières loges, et comme il a été précédemment dit par le *Shaykh Abū al-ʿAbbās al-Ṭanjī* : « Quand il était dans les cieux, la terre, le Trône et le *Kursī* étaient remplis du Messager d'*Allāh* (ﷺ). »

Quatrièmement, quelqu'un pourrait dire que cela implique que celui qui le voit devienne un compagnon.

La réponse est que cela n'est pas nécessaire. Si nous disons que la vision est une ressemblance (*mithāl*), il est clair que le compagnonnage (*ṣuḥba*) n'est établit que si on le voit de son être béni corps et esprit.

الثَّالِثُ: سُئِلَ بَعْضُهُمْ كَيْفَ يَرَاهُ الرَّاؤُنَ الْمُتَعَدِّدُونَ فِي أَقْطَارٍ مُتَبَاعِدَةٍ؟

فَأَنْشُدُهُمْ: كَالشَّمْسِ فِي كَبِدِ السَّمَاءِ وَضَوْؤُهَا ... يَغْشَى الْبِلَادَ مَشَارِقًا وَمَغَارِبَا

وَفِي مَنَاقِبِ الشَّيْخِ تَاجِ الدِّينِ بْنِ عَطَاءِ اللهِ عَنْ بَعْضِ تَلَامِذَتِهِ قَالَ: حَجَجْتُ، فَلَمَّا كُنْتُ فِي الطَّوَافِ رَأَيْتُ الشَّيْخَ تَاجَ الدِّينِ فِي الطَّوَافِ فَنَوَيْتُ أَنْ أُسَلِّمَ عَلَيْهِ إِذَا فَرَغَ مِنْ طَوَافِهِ، فَلَمَّا فَرَغَ مِنَ الطَّوَافِ جِئْتُ فَلَمْ أَرَهُ ثُمَّ رَأَيْتُهُ فِي عَرَفَةَ كَذَلِكَ وَفِي سَائِرِ الْمَشَاهِدِ كَذَلِكَ، فَلَمَّا رَجَعْتُ إِلَى الْقَاهِرَةِ سَأَلْتُ عَنِ الشَّيْخِ فَقِيلَ لِي: طَيِّبٌ، فَقُلْتُ: هَلْ سَافَرَ؟ قَالُوا: لَا، فَجِئْتُ إِلَى الشَّيْخِ وَسَلَّمْتُ عَلَيْهِ فَقَالَ لِي: مَنْ رَأَيْتَ؟ فَقُلْتُ: يَا سَيِّدِي رَأَيْتُكَ، فَقَالَ: يَا فُلَانُ الرَّجُلُ الْكَبِيرُ يَمْلَأُ الْكَوْنَ لَوْ دُعِيَ الْقُطْبُ مِنْ حَجَرٍ لَأَجَابَ.

فَإِذَا كَانَ الْقُطْبُ يَمْلَأُ الْكَوْنَ فَسَيِّدُ الْمُرْسَلِينَ ﷺ مِنْ بَابِ أَوْلَى، وَقَدْ تَقَدَّمَ عَنِ الشَّيْخِ أبي العباس الطنجي أَنَّهُ قَالَ: وَإِذَا بِالسَّمَاءِ وَالْأَرْضِ وَالْعَرْشِ وَالْكُرْسِيِّ مَمْلُوءَةٌ مِنْ رَسُولِ اللَّهِ ﷺ.

الرَّابِعُ: قَالَ قَائِلٌ: يَلْزَمُ عَلَى هَذَا أَنْ تَثْبُتَ الصُّحْبَةُ لِمَنْ رَآهُ.

وَالْجَوَابُ: أَنَّ ذَلِكَ لَيْسَ بِلَازِمٍ، أَمَّا إِنْ قُلْنَا: بِأَنَّ الْمَرْئِيَّ الْمِثَالُ فَوَاضِحٌ لِأَنَّ الصُّحْبَةَ إِنَّمَا تَثْبُتُ بِرُؤْيَةِ ذَاتِهِ الشَّرِيفَةِ جَسَدًا وَرُوحًا.

Si nous disons que la vision est faite par l'être (*dhāt*) alors la condition du compagnonnage est qu'il soit vu dans le monde sensible (*mulk*) alors que la vision qui est faite de lui est celle du monde des significations spirituelles (*malakūt*). Ainsi, cette vision n'implique pas le compagnonnage, car il est explicité d'après les *ḥadīths* que toute sa communauté lui fut présentée ; il les vit et ils le virent, mais cela n'implique en aucun cas le compagnonnage de tout ce groupe, car ils furent vus dans le monde des significations spirituelles (*malakūt*), n'impliquant donc pas le compagnonnage.

CONCLUSION

Aḥmad a rapporté dans son *Musnad*, ainsi que *al-Kharā'iṭī* dans « *Makārim al-Akhlāq* » d'après la voie de *Abū al-ʿAliyah* qu'un homme des *Anṣār* a dit :

« Je sortis des miens afin de rencontrer le Prophète (ﷺ), mais quand j'arrivai, il y avait avec lui un homme debout, marchant à ses côtés. Je pensais alors qu'ils avaient tous deux une affaire à régler. »

L'homme des *Ansār* dit : « Le Messager d'*Allāh* (ﷺ) resta debout jusqu'à ce que j'aille me plaindre de la longévité de cette posture. Lorsqu'il partit, je dis : 'Ô Messager d'*Allāh* ! Cet homme était debout avec toi jusqu'à ce que je me plaigne de la longévité de cette posture.' Il me demanda : **'L'as-tu vu ?'** Je dis 'Oui.' Il dit : **'Sais-tu qui c'est ?'** Je dis : 'Non.' Il répondit : **'Cela était *Jibrīl*. Il n'arrêta pas de me recommander de bien traiter le voisin à tel point que j'ai cru qu'il allait faire des voisins des héritiers.'** Puis il dit : **'Si tu l'avais salué, il t'aurait retourné la salutation.'** »

وَإِنْ قُلْنَا: الْمَرْئِيُّ الذَّاتُ فَشَرْطُ الصُّحْبَةِ أَنْ يَرَاهُ وَهُوَ فِي عَالَمِ الْمُلْكِ، وَهَذِهِ رُؤْيَةٌ وَهُوَ فِي عَالَمِ الْمَلَكُوتِ، وَهَذِهِ الرُّؤْيَةُ لَا تُثْبِتُ صُحْبَتَهُ، وَيُؤَيِّدُ ذَلِكَ أَنَّ الْأَحَادِيثَ وَرَدَتْ بِأَنَّ جَمِيعَ أُمَّتِهِ عُرِضُوا عَلَيْهِ فَرَآهُمْ وَرَأَوْهُ وَلَمْ تَثْبُتِ الصُّحْبَةُ لِلْجَمِيعِ لِأَنَّهَا رُؤْيَةٌ فِي عَالَمِ الْمَلَكُوتِ فَلَا تُفِيدُ صُحْبَتَهُ.

خَاتِمَةٌ

أَخْرَجَ أَحْمَد فِي مسْنَدِهِ، وَالْخَرَائِطِيُّ فِي مَكَارِمِ الْأَخْلَاقِ مِنْ طَرِيقِ أَبِي الْعَالِيَة عَنْ رَجُلٍ مِنَ الْأَنْصَارِ قَالَ:

« خَرَجْتُ مِنْ أَهْلِي أُرِيدُ النَّبِيَّ ﷺ فَإِذَا بِهِ قَائِمٌ وَرَجُلٌ مَعَهُ مُقْبِلٌ عَلَيْهِ فَظَنَنْتُ أَنَّ لَهُمَا حَاجَةً.

قَالَ الْأَنْصَارِيُّ: لَقَدْ قَامَ رَسُولُ اللَّهِ ﷺ حَتَّى جَعَلْتُ أَرْثِي لَهُ مِنْ طُولِ الْقِيَامِ، فَلَمَّا انْصَرَفَ قُلْتُ: يَا رَسُولَ اللَّهِ لَقَدْ قَامَ بِكَ هَذَا الرَّجُلُ حَتَّى جَعَلْتُ أَرْثِي لَكَ مِنْ طُولِ الْقِيَامِ، قَالَ: **وَلَقَدْ رَأَيْتَهُ؟** قُلْتُ: نَعَمْ، قَالَ: **أَتَدْرِي مَنْ هُوَ؟** قُلْتُ: لَا، قَالَ: **ذَاكَ جِبْرِيلُ مَا زَالَ يُوصِينِي بِالْجَارِ حَتَّى ظَنَنْتُ أَنَّهُ** سَيُوَرِّثُهُ، ثُمَّ قَالَ: **أَمَا إِنَّكَ لَوْ سَلَّمْتَ رَدَّ عَلَيْكَ السَّلَامَ.** »

Abū Mūssā al-Madīnī a rapporté dans « *al-Ma'rifah* » que *Tamīm b. Salmah* a dit : « Alors que je me rendais près du Prophète (ﷺ) un homme s'éloigna de lui et je vis qu'il était couronné d'un turban qui tombait derrière lui. Je dis : 'Ô Messager d'*Allāh* ! Qui est-il ?' Il dit **'C'est *Jibrīl*.'** »

Aḥmad, *al-Ṭabarānī* et *al-Bayhaqī* dans « *al-Dalā'il* » ont rapporté que *Ḥārithah b. al-Nu'mān* a dit :

« Je passais devant le Messager d'*Allāh* (ﷺ) et *Jibrīl* était avec lui alors je l'ai salué et je suis parti. Lorsque je revins et qu'il était parti, le Prophète (ﷺ) dit : **'As-tu vu celui avec qui j'étais ?'** Je dis : 'Oui.' Il dit : **'C'était *Jibrīl* et il t'a rendu le salut.'** »

Ibn Sa'd rapporte que *Ḥārithah* a dit : « J'ai vu *Jibrīl* deux fois durant toute ma vie. »

Et *Aḥmad* et *al-Bayhaqī* ont rapporté qu'*Ibn 'Abbās* a dit : « J'étais avec mon père auprès du Messager d'*Allāh* (ﷺ) et auprès de lui se trouvait un homme qui parlait avec lui et c'était comme s'il ne faisait pas attention à mon père alors nous sommes partis. Alors mon père me dit : 'Ô fils ! N'as-tu pas vu comment ton cousin ne me prêtait pas attention ?' Je dis : 'Ô père ! Il y avait un homme avec lui qui parlait avec lui.' Puis nous y sommes retournés et il dit : 'Ô Messager d'*Allāh* ! J'ai dit à *'Abdallāh* ceci et cela et il m'a dit qu'il y avait un homme qui était avec toi en train de discuter avec toi. Y avait-il quelqu'un avec toi ?' Il dit : **'L'as-tu vraiment vu ô *'Abdallāh* ?'** Je dis : 'Oui.' Il dit : **'C'était *Jibrīl*, il est celui qui m'a distrait de toi.'** »

Ibn Sa'd a rapporté qu'*Ibn 'Abbās* a dit : « J'ai vu *Jibrīl* deux fois. »

وَأَخْرَجَ أَبُو مُوسَى الْمَدِينِيُّ فِي الْمَعْرِفَةِ عَنْ تَمِيم بْن سَلْمَة قَالَ: « بَيْنَا أَنَا عِنْدَ النَّبِيِّ ﷺ إِذِ انْصَرَفَ مِنْ عِنْدِهِ رَجُلٌ فَنَظَرْتُ إِلَيْهِ مُوَلِّيًا مُعْتَمًّا بِعِمَامَةٍ قَدْ أَرْسَلَهَا مِنْ وَرَائِهِ قُلْتُ: يَا رَسُولَ اللَّهِ مَنْ هَذَا؟ قَالَ: **هَذَا جِبْرِيلُ** ».

وَأَخْرَجَ أحمد وَالطَّبَرَانِيُّ وَالْبَيْهَقِيُّ فِي الدَّلَائِلِ عَنْ حَارِثَةَ بْنِ النُّعْمَانِ قَالَ:

« مَرَرْتُ عَلَى رَسُولِ اللَّهِ ﷺ وَمَعَهُ جِبْرِيلُ فَسَلَّمْتُ عَلَيْهِ وَمَرَرْتُ، فَلَمَّا رَجَعْنَا وَانْصَرَفَ النَّبِيُّ ﷺ قَالَ: **هَلْ رَأَيْتَ الَّذِي كَانَ مَعِي؟** قُلْتُ: نَعَمْ، قَالَ: **فَإِنَّهُ جِبْرِيلُ وَقَدْ رَدَّ عَلَيْكَ السَّلَامَ** » .

وَأَخْرَجَ ابن سعد عَنْ حَارِثَة قَالَ: رَأَيْتُ جِبْرِيلَ مِنَ الدَّهْرِ مَرَّتَيْنِ.

وَأَخْرَجَ أحمد وَالْبَيْهَقِيُّ عَنِ ابْنِ عَبَّاسٍ قُلْتُ: «كُنْتُ مَعَ أَبِي عِنْدَ رَسُولِ اللَّهِ ﷺ وَعِنْدَهُ رَجُلٌ يُنَاجِيهِ فَكَانَ كَالْمُعْرِضِ عَنْ أَبِي فَخَرَجْنَا فَقَالَ لِي أَبِي: يَا بُنَيَّ أَلَمْ تَرَ إِلَى ابْنِ عَمِّكَ كَالْمُعْرِضِ عَنِّي؟ قُلْتُ: يَا أَبَتِ إِنَّهُ كَانَ عِنْدَهُ رَجُلٌ يُنَاجِيهِ فَرَجَعَ فَقَالَ: يَا رَسُولَ اللَّهِ قَلْتُ لِعَبْدِ اللَّهِ كَذَا وَكَذَا فَقَالَ إِنَّهُ كَانَ عِنْدَكَ رَجُلٌ يُنَاجِيكَ فَهَلْ كَانَ عِنْدَكَ أَحَدٌ؟ قَالَ: **وَهَلْ رَأَيْتَهُ يَا عبد الله؟** قُلْتُ: نَعَمْ، قَالَ: **ذَاكَ جِبْرِيلُ هُوَ الَّذِي يَشْغَلُنِي عَنْكَ** »

وَأَخْرَجَ ابن سعد عَنِ ابْنِ عَبَّاسٍ قَالَ: رَأَيْتُ جِبْرِيلَ مَرَّتَيْنِ.

Al-Bayhaqī a rapporté qu'*Ibn ʿAbbās* a dit : « Le Messager d'*Allāh* (ﷺ) visita un homme parmi les *Anṣār* et lorsqu'il s'approcha de sa demeure il entendit qu'on parlait à l'intérieur et lorsqu'il vint, il ne vit personne. Alors le Messager d'*Allāh* (ﷺ) lui demanda : **'Avec qui parlais-tu ?'** Il dit 'Ô Messager d'*Allāh* ! Quelqu'un est venu me rendre visite, je n'ai nullement vu d'hommes après toi dont la présence était aussi bénéfique et dont les paroles étaient aussi convenables que les siennes.' Il répondit **'C'était *Jibrīl*. Il est également parmi vous lorsqu'un homme parmi vous jure par *Allāh* qu'il remplira ses engagements.'**

Et *Abū Bakr b. Abī Dāwud* a rapporté dans le livre « *al-Maṣāḥif* » qu'*Abū Jaʿfar* a dit : « *Abū Bakr* entendait les apartés entre *Jibrīl* et le Prophète (ﷺ). »

Muḥammad b. Naṣr al-Marwazī a rapporté dans son livre de la prière d'après *Ḥudhayfa b. al-Yamān* :

« Il [*Ḥudhayfa*] vint au Prophète (ﷺ) et lui dit : 'J'étais en train de prier quand j'ai entendu dire : 'Ô *Allāh* à Toi toutes les louanges et à Toi toute la royauté et dans Ta main est tout le bien et vers Toi viennent toutes les affaires qu'elles soient divulguées ou secrètes, Tu mérites les louanges, car Tu es certes sur toute chose tout-puissant. Ô *Allāh* pardonne-moi tous mes péchés passés et préserve-moi le reste de ma vie, bénis et purifie mes actions et sois satisfait de moi par elles.' Puis le Prophète (ﷺ) dit : **'C'était un ange qui t'a donné cela afin de t'enseigner comment louer ton Seigneur.'** »

Et *Muḥammad b. Naṣr* a rapporté qu'*Abū Hurayra* a dit : « J'étais en train de prier lorsque j'entendis dire : 'Ô *Allāh* à Toi toutes les louanges' » Il dit ensuite : « il mentionna alors le même récit [que celui précédent]. »

وَأَخْرَجَ الْبَيْهَقِيُّ عَنِ ابْنِ عَبَّاسٍ قَالَ: « عَادَ رَسُولُ اللَّهِ ﷺ رَجُلًا مِنَ الْأَنْصَارِ فَلَمَّا دَنَا مِنْ مَنْزِلِهِ سَمِعَهُ يَتَكَلَّمُ فِي الدَّاخِلِ فَلَمَّا دَخَلَ لَمْ يَرَ أَحَدًا، فَقَالَ رَسُولُ اللَّهِ ﷺ **مَنْ كُنْتَ تُكَلِّمُ**؟ قَالَ: يَا رَسُولَ اللَّهِ دَخَلَ عَلَيَّ دَاخِلٌ مَا رَأَيْتُ رَجُلًا قَطُّ بَعْدَكَ أَكْرَمَ مَجْلِسًا وَلَا أَحْسَنَ حَدِيثًا مِنْهُ، قَالَ: **ذَاكَ جِبْرِيلُ وَإِنَّ مِنْكُمْ لَرِجَالًا لَوْ أَنَّ أَحَدَهُمْ يُقْسِمُ عَلَى اللَّهِ لَأَبَرَّهُ** »

وَأَخْرَجَ أَبُو بَكْر بْن أَبِي دَاوُد فِي كِتَابِ الْمَصَاحِفِ عَنْ أَبِي جَعْفَر قَالَ: «كَانَ أَبُو بَكْر يَسْمَعُ مُنَاجَاةَ جِبْرِيلَ لِلنَّبِيِّ ﷺ » .

وَأَخْرَجَ مُحَمَّدُ بْنُ نَصْرٍ الْمَرْوَزِيُّ فِي كِتَابِ الصَّلَاةِ عَنْ حُذَيْفَةَ بْنِ الْيَمَانِ:

« أَنَّهُ أَتَى النَّبِيَّ ﷺ فَقَالَ لَهُ: بَيْنَمَا أَنَا أُصَلِّي إِذْ سَمِعْتُ مُتَكَلِّمًا يَقُولُ: اللَّهُمَّ لَكَ الْحَمْدُ كُلُّهُ وَلَكَ الْمُلْكُ كُلُّهُ وَبِيَدِكَ الْخَيْرُ كُلُّهُ وَإِلَيْكَ يُرْجَعُ الْأَمْرُ كُلُّهُ عَلَانِيَتُهُ وَسِرُّهُ أَهْلٌ أَنْ تُحْمَدَ إِنَّكَ عَلَى كُلِّ شَيْءٍ قَدِيرٌ، اللَّهُمَّ اغْفِرْ لِي جَمِيعَ مَا مَضَى مِنْ ذُنُوبِي، وَاعْصِمْنِي فِيمَا بَقِيَ مِنْ عُمْرِي، وَارْزُقْنِي عَمَلًا زَاكِيًا تَرْضَى بِهِ عَنِّي، فَقَالَ النَّبِيُّ ﷺ : **ذَاكَ مَلَكٌ أَتَاكَ يُعَلِّمُكَ تَحْمِيدَ رَبِّكَ** ».

وَأَخْرَجَ مُحَمَّد بْن نَصْر عَنْ أَبِي هُرَيْرَةَ قَالَ: بَيْنَمَا أَنَا أُصَلِّي إِذْ سَمِعْتُ مُتَكَلِّمًا يَقُولُ: اللَّهُمَّ لَكَ الْحَمْدُ كُلُّهُ، قَالَ: فَذَكَرَ الْحَدِيثَ نَحْوَهُ.

Ibn Abū al-Dunyā dans le livre « *al-Dhikr* » a rapporté qu'*Anas b. Mālik* a dit :

« *Ubayy b. Ka'b* a dit : 'Quand j'allais rentrer dans la mosquée, j'allais prier et louer *Allāh* par des louanges qu'aucune autre personne n'avait pu prononcer. Ainsi donc lorsque j'eus prié et que je me suis assis afin de louer *Allāh* et Lui rendre hommage j'ai entendu une voix forte derrière dire : 'Ô *Allāh* à Toi toutes les louanges, à Toi toute la royauté, entre Tes mains se trouve tout le bien, et vers Toi viennent toutes les affaires, dévoilés ou secrètes, à Toi les louanges, car Tu es certes sur toute chose puissant. Ô *Allāh,* pardonne-moi mes péchés passés et préserve-moi le reste de ma vie. Bénis et purifie mes actions et sois satisfait de moi par elles et pardonne-moi.' J'ai alors rapporté l'histoire au Messager d'*Allāh* (ﷺ) et il dit : **'C'était *Jibrīl.*'** »

Al-Ṭabarānī et *al-Bayhaqī* ont rapporté que *Muḥammad b. Muslimah* a dit :

« Je passais devant le Messager d'*Allāh* (ﷺ) et il mettait sa joue contre la joue d'un homme, je n'ai donc pas salué. Ensuite, je suis revenu et il me dit : 'Qu'est-ce qui t'a empêché de saluer ?'J'ai dit : 'Ô Messager d'*Allāh*, je t'ai vu agir avec cet homme d'une manière par laquelle tu n'agis avec personne ; alors je me suis refusé à interrompre ta conversation. Qui était-il, Ô Messager d'*Allāh* ? » Il dit : « ***Jibrīl.*** »

Al-Ḥākim a rapporté que *'Ā'isha* a dit : « J'ai vu *Jibrīl* debout dans mon appartement avec qui le Messager d'*Allāh* conversait discrètement. J'ai alors dit : 'Ô Messager d'*Allāh*, qui était-ce ? ' Il me demanda : **'À qui ressemblait-il ?'** Je répondis : 'À *Diḥyah* ! ' Il dit **'Tu as vu *Jibrīl.*'** »

وَأَخْرَجَ ابْنُ أَبِي الدُّنْيَا فِي كِتَابِ الذِّكْرِ، عَنْ أَنَسِ بْنِ مَالِكٍ قَالَ:

« قَالَ أُبَيُّ بْنُ كَعْبٍ: لَأَدْخُلَنَّ الْمَسْجِدَ، فَلَأُصَلِّيَنَّ وَلَأَحْمَدَنَّ اللَّهَ بِمَحَامِدَ لَمْ يَحْمَدْهُ بِهَا أَحَدٌ، فَلَمَّا صَلَّى وَجَلَسَ لِيَحْمِدَ اللَّهَ وَيُثْنِيَ عَلَيْهِ إِذَا هُوَ بِصَوْتٍ عَالٍ مِنْ خَلْفٍ يَقُولُ: اللَّهُمَّ لَكَ الْحَمْدُ كُلُّهُ، وَلَكَ الْمُلْكُ كُلُّهُ، وَبِيَدِكَ الْخَيْرُ كُلُّهُ، وَإِلَيْكَ يُرْجِعُ الْأَمْرُ كُلُّهُ، عَلَانِيَتُهُ وَسِرُّهُ، لَكَ الْحَمْدُ إِنَّكَ عَلَى كُلِّ شَيْءٍ قَدِيرٌ، [اللَّهُمَّ] اغْفِرْ لِي مَا مَضَى مِنْ ذُنُوبِي، وَاعْصِمْنِي فِيمَا بَقِيَ مِنْ عُمْرِي، وَارْزُقْنِي أَعْمَالًا زَاكِيَةً تَرْضَى بِهَا عَنِّي، وَتُبْ عَلَيَّ، فَأَتَى رَسُولَ اللَّهِ صَلَّى اللَّهُ عَلَيْهِ وَسَلَّمَ فَقَصَّ عَلَيْهِ، فَقَالَ: **ذَاكَ جِبْرِيلُ**».

وَأَخْرَجَ الطَّبَرَانِيُّ وَالْبَيْهَقِيُّ، عَنْ مُحَمَّد بْن مُسْلِمَة قَالَ:

« مَرَرْتُ عَلَى رَسُولِ اللَّهِ ﷺ وَاضِعًا خَدَّهُ عَلَى خَدِّ رَجُلٍ، فَلَمْ أُسَلِّمْ، ثُمَّ رَجَعْتُ، فَقَالَ لِي: مَا مَنَعَكَ أَنْ تُسَلِّمَ؟ قُلْتُ: يَا رَسُولَ اللَّهِ، رَأَيْتُكَ فَعَلْتَ بِهَذَا الرَّجُلِ شَيْئًا مَا فَعَلْتَهُ بِأَحَدٍ مِنَ النَّاسِ، فَكَرِهْتُ أَنْ أَقْطَعَ عَلَيْكَ حَدِيثَكَ، فَمَنْ كَانَ يَا رَسُولَ اللَّهِ؟ قَالَ: **جِبْرِيلُ** » .

وَأَخْرَجَ الحاكم عَنْ عائشة قَالَتْ: « رَأَيْتُ جِبْرِيلَ وَاقِفًا فِي حُجْرَتِي هَذِهِ وَرَسُولُ اللَّهِ ﷺ يُنَاجِيهِ، فَقُلْتُ: يَا رَسُولَ اللَّهِ مَنْ هَذَا؟ قَالَ: **بِمَنْ شَبَّهْتِهِ؟** قُلْتُ: بِدِحْيَةَ قَالَ: **لَقَدْ رَأَيْتِ جِبْرِيلَ** ».

Al-Bayhaqī a rapporté que *Ḥudhayfah* a dit : « J'ai prié avec le Messager d'*Allāh* (ﷺ) puis il s'en alla et je le suivis. Vint à nous un nuage et il me demanda : **'Ô *Ḥudhayfah* ! As-tu vu le nuage qui est venu à nous ?'** Je répondis : 'Oui.' Il dit alors : **'Cela était un ange parmi les anges qui n'était pas encore descendu sur la terre auparavant, il demanda la permission à son Seigneur, me salua, et m'annonça qu'*al-Ḥasan* et *al-Ḥusayn* étaient les maitres des jeunes du Paradis et que *Fāṭima* était la maitresse des femmes du Paradis.'** »

Aḥmad, al-Bukhārī, Muslim, al-Nasā'ī, Abū Nu'aym, al-Bayhaqī dans « *Dalā'il al-nubuwwa* » ont rapporté d'après *Usayd b. Ḥuḍayr* qu'il récitait durant une nuit la sourate *al-Baqarah* et que sa jument était attachée près de lui. Lorsque sa jument hennit, il se tut et elle s'arrêta. Puis il continua de réciter et elle hennit à nouveau, il se tut alors et elle également. Il leva la tête vers le ciel et observa qu'il y avait des nuages contenant des sortes de lampes qui montaient vers le ciel jusqu'à ce qu'il ne les aperçoive plus. Au matin, il raconta cela au Messager d'*Allāh* (ﷺ) et ce dernier répondit : « **Ce sont les anges qui écoutèrent ta voix et si tu avais** [continué] **de réciter, les gens les auraient vus au matin et ils n'auraient pas été invisibles pour eux.** »

Al-Wāqidī et *Ibn 'Asākir* ont rapporté que *'Abd al-Raḥmān b. 'Awf* a dit : « Le jour de [la bataille de] *Badr*, j'ai vu deux hommes aux côtés du Prophète (ﷺ), un à sa gauche et un à sa droite. Les deux se battirent avec une très grande force. Puis j'aperçus un troisième derrière lui et enfin un quatrième devant lui. »

وَأَخْرَجَ الْبَيْهَقِيُّ عَنْ حُذَيْفَة قَالَ: «صَلَّى بِنَا رَسُولُ اللَّهِ ﷺ ثُمَّ خَرَجَ، فَتبِعْتُهُ، فَإِذَا عَارِضٌ قَدْ عَرَضَ لَهُ، فَقَالَ لِي: **يَا حذيفة هَلْ رَأَيْتَ الْعَارِضَ الَّذِي عَرَضَ لِي؟** قُلْتُ: نَعَمْ، قَالَ: **ذَاكَ مَلَكٌ مِنَ الْمَلَائِكَةِ لَمْ يَهْبِطْ إِلَى الْأَرْضِ قَبْلَهَا، اسْتَأْذَنَ رَبَّهُ، فَسَلَّمَ عَلَيَّ، وَبَشَّرَنِي بِالْحَسَنِ وَالْحُسَيْنِ أَنَّهُمَا سَيِّدَا شَبَابِ أَهْلِ الْجَنَّةِ، وَأَنَّ فَاطِمَةَ سَيِّدَةُ نِسَاءِ أَهْلِ الْجَنَّةِ** ».

وَأَخْرَجَ أَحْمَد، وَالْبُخَارِيُّ تَعْلِيقًا، وَمُسْلِمٌ، وَالنَّسَائِيُّ، وأَبُو نُعَيْم، وَالْبَيْهَقِيُّ، كِلَاهُمَا فِي دَلَائِلِ النُّبُوَّةِ، « عَنْ أُسَيْد بْن حُضَيْر، أَنَّهُ بَيْنَمَا هُوَ يَقْرَأُ مِنَ اللَّيْلِ سُورَةَ الْبَقَرَةِ وَفَرَسُهُ مَرْبُوطَةٌ عِنْدَهُ، إِذْ جَالَتِ الْفَرَسُ، فَسَكَتَ فَسَكَنَتْ، ثُمَّ قَرَأَ فَجَالَتْ، فَسَكَتَ فَسَكَنَتْ، فَرَفَعَ رَأْسَهُ إِلَى السَّمَاءِ، فَإِذَا هِيَ بِمِثْلِ الظُّلَّةِ فِيهَا أَمْثَالُ الْمَصَابِيحِ عَرَجَتْ إِلَى السَّمَاءِ حَتَّى مَا يَرَاهَا، فَلَمَّا أَصْبَحَ حَدَّثَ رَسُولَ اللَّهِ ﷺ بِذَلِكَ، فَقَالَ: **تِلْكَ الْمَلَائِكَةُ دَنَتْ لِصَوْتِكَ، وَلَوْ قَرَأْتَ لَأَصْبَحَتْ تَنْظُرُ النَّاسُ إِلَيْهَا لَا تَتَوَارَى مِنْهُمْ** ».

وَأَخْرَجَ الْوَاقِدِيُّ وَابْنُ عَسَاكِرَ، عَنْ عَبْدِ الرَّحْمَنِ بْنِ عَوْفٍ قَالَ: «رَأَيْتُ يَوْمَ بَدْرٍ رَجُلَيْنِ عَنْ يَمِينِ النَّبِيِّ ﷺ أَحَدُهُمَا وَعَنْ يَسَارِهِ أَحَدُهُمَا، يُقَاتِلَانِ أَشَدَّ الْقِتَالِ، ثُمَّ ثَلَّثَهُمَا ثَالِثٌ مِنْ خَلْفِهِ، ثُمَّ رَبَّعَهُمَا رَابِعٌ أَمَامَهُ» .

Isḥāq b. Rāhawayh dans son *Musnad*, *Ibn Jarīr* dans son *Tafsīr*, *Abū Nuʿaym* et *al-Bayhaqī* dans « *Dalā'il al-nubuwa* » ont rapporté qu'*Abū Usayd al-Sāʿidī* (ﷺ) a dit après qu'il soit devenu aveugle : « Si j'étais à Badr avec vous tout en ayant la capacité de voir, je vous aurais raconté sans hésitation concernant les troupes qui étaient accompagnées par des anges. »

Al-Bayhaqī a rapporté qu'*Abū Burdah b. Niyār* a dit : « Je suis venu avec trois têtes le jour de *Badr*, les plaça devant les mains du Prophète (ﷺ) et dis alors : « Ô Messager d'*Allāh* ! Concernant les deux têtes, je les ai tués ; mais concernant la troisième, j'ai vu un grand homme blanc le frapper et j'ai alors pris sa tête [qui roulait]. » Le Messager d'*Allāh* (ﷺ) répondit alors : « C'était untel parmi les anges. »

Al-Bayhaqī a rapporté qu'*Ibn ʿAbbās* a dit : « Les anges prennent la forme que nous connaissons parmi les hommes pour les affermir. » Il dit alors : « Je suis allé proche d'eux quand je les entendis dire : 'S'ils nous attaquent alors nous ne resterons pas immobiles, ils ne sont rien.' Et c'est ainsi qu'Il dit : ﴿ ***Et ton Seigneur révéla aux Anges : Je suis avec vous : affermissez donc les croyants.*** ﴾ [S.8/V.12] »

Aḥmad, *Ibn Saʿd*, *Ibn Jarīr* et *Abū Nuʿaym* dans « *al-Dalā'il* » ont rapporté qu'*Ibn ʿAbbās* a dit : « Celui qui captura *al-ʿAbbās* était *Abū al-Yasar b. ʿAmr*, et *Abū al-Yasar* était un homme faible et *al-ʿAbbās* corpulent. Le Messager d'*Allāh* (ﷺ) dit alors : **'Ô *Abū al-Yasar* comment as-tu capturé *al-ʿAbbās* ?'** Il dit : 'Ô Messager d'*Allāh* ! Un homme m'a aidé que je n'ai vu ni avant, ni après cela et il rassemblait à ceci et cela.' Le Messager d'*Allāh* (ﷺ) dit alors : **'Un noble ange t'a aidé.'** »

وَأَخْرَجَ إِسْحَاق بْن رَاهَوَيْه فِي مُسْنَدِهِ، وَابْنُ جَرِيرٍ فِي تَفْسِيرِهِ، وأَبُو نُعَيْم وَالْبَيْهَقِيُّ كِلَاهُمَا فِي دَلَائِلِ النُّبُوَّةِ، عَنْ أَبِي أُسَيْدٍ السَّاعِدِيِّ رَضِيَ اللَّهُ عَنْهُ أَنَّهُ قَالَ بَعْدَ مَا عَمِيَ : لَوْ كُنْتُ مَعَكُمْ بِبَدْرٍ الْآنَ وَمَعِيَ بَصَرِي لَأَخْبَرْتُكُمْ بِالشِّعْبِ الَّذِي خَرَجَتْ مِنْهُ الْمَلَائِكَةُ، لَا أَشُكُّ وَلَا أَتَمَارَى.

وَأَخْرَجَ الْبَيْهَقِيُّ عَنْ أَبِي بُرْدَةَ بْنِ نِيَارٍ قَالَ: « جِئْتُ يَوْمَ بَدْرٍ بِثَلَاثَةِ رُءُوسٍ، فَوَضَعْتُهُنَّ بَيْنَ يَدَيِ النَّبِيِّ صَلَّى اللَّهُ عَلَيْهِ وَسَلَّمَ، فَقُلْتُ: يَا رَسُولَ اللَّهِ، أَمَّا رَأْسَانِ فَقَتَلْتُهُمَا، وَأَمَّا الثَّالِثُ فَإِنِّي رَأَيْتُ رَجُلًا أَبْيَضَ طَوِيلًا ضَرَبَهُ، فَأَخَذْتُ رَأْسَهُ، فَقَالَ رَسُولُ اللَّهِ صَلَّى اللَّهُ عَلَيْهِ وَسَلَّمَ: ذَاكَ فُلَانٌ مِنَ الْمَلَائِكَةِ »

وَأَخْرَجَ الْبَيْهَقِيُّ عَنِ ابْنِ عَبَّاسٍ قَالَ: كَانَ الْمَلَكُ يَتَصَوَّرُ فِي صُورَةِ مَنْ تَعْرِفُونَ مِنَ النَّاسِ يُثَبِّتُونَهُمْ، فَيَقُولُ: إِنِّي دَنَوْتُ مِنْهُمْ فَسَمِعْتُهُمْ يَقُولُونَ: لَوْ حَمَلُوا عَلَيْنَا مَا ثَبَتْنَا، لَيْسُوا بِشَيْءٍ، فَذَلِكَ قَوْلُهُ تَعَالَى: ﴿ **إِذْ يُوحِي رَبُّكَ إِلَى الْمَلَائِكَةِ أَنِّي مَعَكُمْ فَثَبِّتُوا الَّذِينَ آمَنُوا** ﴾

وَأَخْرَجَ أَحْمَد، وابْن سَعْد، وَابْنُ جَرِيرٍ، وأَبُو نُعَيْم فِي الدَّلَائِلِ، عَنِ ابْنِ عَبَّاسٍ قَالَ: « كَانَ الَّذِي أَسَرَ الْعَبَّاس أَبُو الْيُسْرِ كَعْبُ بْنُ عَمْرٍو، وَكَانَ أَبُو الْيَسَر رَجُلًا جَمُوعًا، وَكَانَ الْعَبَّاس رَجُلًا جَسِيمًا، فَقَالَ رَسُولُ اللَّهِ ﷺ: **يَا أَبَا الْيَسَر كَيْفَ أَسَرْتَ الْعَبَّاس** ؟ فَقَالَ: يَا رَسُولَ اللَّهِ، لَقَدْ أَعَانَنِي عَلَيْهِ رَجُلٌ مَا رَأَيْتُهُ قَبْلَ ذَلِكَ وَلَا بَعْدَهُ، هَيْئَتُهُ كَذَا وَكَذَا، فَقَالَ رَسُولُ اللَّهِ ﷺ : **لَقَدْ أَعَانَكَ عَلَيْهِ مَلَكٌ كَرِيمٌ** »

Ibn Sa'd et *al-Bayhaqī* ont rapporté que *'Ammār b. Abū 'Ammār* a dit : « *Ḥamza b. 'Abd al-Muṭṭalib* a dit : 'Ô Messager d'*Allāh* ! Montre-moi *Jibrīl* dans sa [véritable] forme !' Il dit **'Assieds-toi.'** Et il s'assit. Alors *Jibrīl* descendit au niveau de la *Ka'ba* et le Prophète (ﷺ) dit alors : **'Lève ton regard et observe !'** Il leva alors les yeux et vit que ses pieds qui ressemblaient à des émeraudes vertes. »

Ibn Abī al-Dunyā a rapporté dans le livre « *al-Qubūr* » et *al-Ṭabarānī* dans « *al-Awsaṭ* » qu'*Ibn 'Umar* a dit :

« Alors que je marchais près d'un arbre à *Badr*, un homme sortit d'un trou avec une chaine sur son cou et m'interpela en disant : 'Ô *'Abdallāh* ! Donne-moi à boire !' Alors un homme sortit de ce trou avec un fouet dans sa main et m'interpela : 'Ô *'Abdallāh* ! Ne lui donne pas à boire, car il est certes mécréant.' Puis il le frappa avec le fouet jusqu'à ce qu'il retourne dans le trou. Je suis allé au Prophète (ﷺ) et je lui racontai cela. Il me demanda : **'L'as-tu vraiment vu ?'** Je dis : 'Oui.' Il dit : **'C'était *Abū Jahl* l'ennemi d'*Allāh* et cela est son châtiment qui perdurera jusqu'au jour dernier.'** »

Ce qu'on déduit de sa vision de l'homme qui est sorti du trou et qui l'a frappé avec le fouet, c'est qu'il est l'ange qui est chargé de son châtiment.

Ibn Abī al-Dunyā, al-Ṭabarānī, et *Ibn 'Asākir* ont rapporté d'après la voie de *'Urwah b. Ruwaym* que *al-'Irbāḍ b. Sāriyah*, le Compagnon (ﷺ), aurait aimé être rappelé [vers son Seigneur] et invoqua en disant : 'Ô *Allāh* mon âge a grandi et mes os se sont affaiblis alors rappelle-moi vers Toi.'

وَأَخْرَجَ ابن سعد وَالْبَيْهَقِيُّ، عَنْ عمار بن أبي عمار: « أَنَّ حَمْزَةَ بْنَ عَبْدِ الْمُطَّلِبِ قَالَ: «يَا رَسُولَ اللهِ أَرِنِي جِبْرِيلَ فِي صُورَتِهِ، قَالَ: **اقْعُدْ** فَقَعَدَ، فَنَزَلَ جِبْرِيلُ عَلَى خَشَبَةٍ كَانَتْ فِي الْكَعْبَةِ، فَقَالَ النَّبِيُّ ﷺ : **ارْفَعْ طَرْفَكَ فَانْظُرْ**، فَرَفَعَ طَرْفَهُ فَرَأَى قَدَمَيْهِ مِثْلَ الزَّبَرْجَدِ الْأَخْضَرِ ».

وَأَخْرَجَ ابْنُ أَبِي الدُّنْيَا فِي كِتَابِ الْقُبُورِ، وَالطَّبَرَانِيُّ فِي الْأَوْسَطِ، عَنِ ابْنِ عُمَرَ قَالَ:

« بَيْنَا أَنَا أَسِيرُ بِجَنَبَاتِ بَدْرٍ، إِذْ خَرَجَ رَجُلٌ مِنْ حُفْرَةٍ فِي عُنُقِهِ سِلْسِلَةٌ فَنَادَانِي، يَا عبد الله اسْقِنِي، وَخَرَجَ رَجُلٌ مِنْ تِلْكَ الْحُفْرَةِ فِي يَدِهِ سَوْطٌ، فَنَادَانِي يَا عبد الله لَا تَسْقِهِ ; فَإِنَّهُ كَافِرٌ، ثُمَّ ضَرَبَهُ بِالسَّوْطِ حَتَّى عَادَ إِلَى حُفْرَتِهِ، فَأَتَيْتُ النَّبِيَّ ﷺ فَأَخْبَرْتُهُ، فَقَالَ لِي: **أَوَقَدْ رَأَيْتَهُ؟** قُلْتُ: نَعَمْ، قَالَ: **ذَاكَ عَدُوُّ اللهِ أَبُو جَهْل وَذَاكَ عَذَابُهُ إِلَى يَوْمِ الْقِيَامَةِ** ».

مَحَلُّ الِاسْتِدْلَالِ رُؤْيَتُهُ الرَّجُلَ الَّذِي خَرَجَ عَقِبَهُ وَضَرْبُهُ بِالسَّوْطِ، فَإِنَّهُ الْمَلَكُ الْمُوَكَّلُ بِتَعْذِيبِهِ.

وَأَخْرَجَ ابْنُ أَبِي الدُّنْيَا، وَالطَّبَرَانِيُّ، وَابْنُ عَسَاكِرَ، مِنْ طَرِيقِ عُرْوَةَ بْنِ رُوَيْمٍ، عَنِ الْعِرْبَاضِ بْنِ سَارِيَةَ الصَّحَابِيِّ رَضِيَ اللَّهُ عَنْهُ، أَنَّهُ كَانَ يُحِبُّ أَنْ يُقْبَضَ، فَكَانَ يَدْعُو: اللَّهُمَّ كَبُرَتْ سِنِّي، وَوَهَنَ عَظْمِي، فَاقْبِضْنِي إِلَيْكَ.

Il dit : 'Un jour, alors que j'étais dans la mosquée de Damas en train de prier et que j'invoquais pour être rappelé [vers Dieu], j'ai aperçu un jeune homme parmi les plus beaux hommes, et sortait de lui une lumière verdoyante et dit alors : 'Qu'est-ce que cela pour quoi tu invoques ?' Je dis : 'Et comment invoquerais-je alors ?' Il dit : 'Dis : 'Ô *Allāh* ! Perfectionne mes actions et fais parvenir ma vie à son terme. » Je dis alors : 'Qui es-tu ? qu'*Allāh* te fasse miséricorde !' Il dit : 'Je suis [l'ange] Raphaël qui extrait les chagrins de la poitrine des croyants.' Puis je me suis retourné et ne vis alors plus personne.

Ibn ʿAsākir a rapporté dans son « *Tārikh* » que *Sa ʿīd b. Sinān* a dit :

« Je me rendais à *Bayt al-Maqdis* dans le but de prier. Alors que j'entrai dans la mosquée et je restai comme cela. J'entendis alors deux ailes battre qui s'approchait en disant : 'Gloire à Celui qui ne s'anéantit pas (*al-dā'im*) l'Auto-subsistant (*al-qā'im*), Gloire au Vivant (*al-ḥayy*) l'Immuable (*al-qayyūm*), Gloire au Roi (*al-malik*) Le Tout-Purifié (*al-quddūs*), Gloire au Seigneur des anges et de l'Esprit, Gloire à *Allāh* et à Lui la louange, Gloire au Plus-Haut (*al-ʿalī*) le Très-Haut (*al-aʿlā*). Qu'Il soit glorifié et exalté.'

Ensuite, un autre bruit s'approcha et disait quelque chose de semblable à ces paroles. Ensuite, bruit après bruit s'approchèrent et cela continua jusqu'à remplir la mosquée. Lorsqu'un d'entre eux était proche de moi il dit : '[Es-tu] un homme ?' Je dis : 'Oui.' Il dit : 'N'aie crainte, ce sont les anges.' »

قَالَ: فَبَيْنَمَا أَنَا يَوْمًا فِي مَسْجِدِ دِمَشْقَ وَأَنَا أُصَلِّي وَأَدْعُو أَنْ أُقْبَضَ، إِذَا أَنَا بِفَتًى شَابٍّ مِنْ أَجْمَلِ الرِّجَالِ، وَعَلَيْهِ رَوَاحٌ أَخْضَرُ فَقَالَ: مَا هَذَا الَّذِي تَدْعُو بِهِ؟ قُلْتُ: وَكَيْفَ أَدْعُو؟ قَالَ: قُلْ: اللَّهُمَّ حُسْنَ الْعَمَلِ، وَبَلْغَ الْأَجَلِ، قُلْتُ: مَنْ أَنْتَ يَرْحَمُكَ اللَّهُ؟ قَالَ: أَنَا رَتَايِيلُ الَّذِي يَسُلُّ الْحُزْنَ مِنْ صُدُورِ الْمُؤْمِنِينَ، ثُمَّ الْتَفَتُّ فَلَمْ أَرَ أَحَدًا.

وَأَخْرَجَ ابْن عَسَاكِرِ فِي تَارِيخِهِ، عَنْ سَعِيد بْن سِنَان قَالَ:

أَتَيْتُ بَيْتَ الْمَقْدِسِ أُرِيدُ الصَّلَاةَ، فَدَخَلْتُ الْمَسْجِدَ، فَبَيْنَمَا أَنَا عَلَى ذَلِكَ، إِذْ سَمِعْتُ حَفِيفًا لَهُ جَنَاحَانِ قَدْ أَقْبَلَ وَهُوَ يَقُولُ: سُبْحَانَ الدَّائِمِ الْقَائِمِ، سُبْحَانَ الْحَيِّ الْقَيُّومِ، سُبْحَانَ الْمَلِكِ الْقُدُّوسِ، سُبْحَانَ رَبِّ الْمَلَائِكَةِ وَالرُّوحِ، سُبْحَانَ اللهِ وَبِحَمْدِهِ، سُبْحَانَ الْعَلِيِّ الْأَعْلَى سُبْحَانَهُ وَتَعَالَى.

ثُمَّ أَقْبَلَ حَفِيفٌ يَتْلُوهُ يَقُولُ مِثْلَ ذَلِكَ، ثُمَّ أَقْبَلَ حَفِيفٌ بَعْدَ حَفِيفٍ يَتَجَاوَبُونَ بِهَا حَتَّى امْتَلَأَ الْمَسْجِدُ، فَإِذَا بَعْضُهُمْ قَرِيبٌ مِنِّي فَقَالَ: آدَمِيٌّ؟ قُلْتُ: نَعَمْ، قَالَ: لَا رَوْعَ عَلَيْكَ، هَذِهِ الْمَلَائِكَةُ.

ANNEXE

Ce qu'il est possible de citer ici est ce qu'a rapporté *Abū Dāwud* d'après la voie de *Abū ʿUmayr b. Anas* d'après *ʿUmūmah* qui fait partie des *Anṣār*, relatant que *ʿAbdullāh b. Zayd* a dit : « Ô Messager d'*Allāh* ! J'étais entre le sommeil et l'éveil quand tout à coup quelqu'un vint à moi et m'enseigna l'*adhān*, et *ʿUmar b. al-Khaṭṭāb* l'a également vu auparavant, mais garda secret cet évènement durant vingt jours. » Dans le livre de la prière d'*Abū Nuʿaym al-Faḍl b. Dukayn*, il rapporte que *ʿAbdullāh b. Zayd* a dit : « Si je ne doutais pas de moi, j'aurais dit : 'Je ne dormais pas.' ».

Dans les *Sunan* d'*Abū Dāwud* d'après la voie de *Ibn Abī Laylā* : « Un homme parmi les *Anṣār* est venu et a dit : 'Ô Messager d'*Allāh* ! J'ai vu un homme avec deux habits vert sur lui, fit l'*adhān*, s'assit pendant un court moment et se leva par la suite. Il prononça [l'*adhān*] d'une manière similaire sauf qu'il ajouta : 'La prière est imminente' (*qad qāmiti al-ṣalāt*). Si ce n'était pas par crainte de la parole des gens, je dirais : 'J'étais éveillé (*yaqzānā*) et non endormi.' Le Messager d'*Allāh* (ﷺ) dit alors : '*Allāh* t'a montré du bien.' »

Le *Shaykh Walī al-Dīn al-ʿIrāqī* dans son commentaire des *Sunan* d'*Abū Dāwud* a dit : « Sa parole [à *ʿAbdallāh b. Zayd*] : **'J'étais entre le sommeil et l'éveil'** est ambiguë parce que l'état dans lequel il était n'était pas le sommeil complet ou l'état d'éveil. La signification est donc que son sommeil était léger très proche de l'état d'éveil. Il est donc passé d'un point intermédiaire entre le sommeil et l'éveil. »

تَذْنِيبٌ

وَمِمَّا يُمْكِنُ أَنْ يَدْخُلَ هُنَا مَا أَخْرَجَهُ أبو داود مِنْ طَرِيقِ أَبِي عُمَيْر بْن أَنَس، عَنْ عُمُومَةٍ لَهُ مِنَ الْأَنْصَارِ، أَنَّ عَبْد الله بْن زَيْد قَالَ : يَا رَسُولَ اللَّهِ، إِنِّي لَبَيْنَ نَائِمٍ وَيَقْظَانَ إِذْ أَتَانِي آتٍ، فَأَرَانِي الْأَذَانَ، وَكَانَ عُمَرُ بْنُ الْخَطَّابِ قَدْ رَآهُ قَبْلَ ذَلِكَ فَكَتَمَهُ عِشْرِينَ يَوْمًا. وَفِي كِتَابِ الصَّلَاةِ لِأَبِي نُعَيْمٍ الْفَضْلِ بْنِ دُكَيْنٍ، أَنَّ عبد الله بن زيد قَالَ: لَوْلَا اتِّهَامِي لِنَفْسِي لَقُلْتُ: إِنِّي لَمْ أَكُنْ نَائِمًا.

وَفِي سُنَنِ أَبِي دَاوُد مِنْ طَرِيقِ ابْنِ أَبِي لَيْلَى: « جَاءَ رَجُلٌ مِنَ الْأَنْصَارِ، فَقَالَ: يَا رَسُولَ اللَّهِ، رَأَيْتُ رَجُلًا كَأَنَّ عَلَيْهِ ثَوْبَيْنِ أَخْضَرَيْنِ، فَأَذَّنَ ثُمَّ قَعَدَ قَعْدَةً، ثُمَّ قَامَ فَقَالَ مِثْلَهَا، إِلَّا أَنَّهُ يَقُولُ: قَدْ قَامَتِ الصَّلَاةُ، وَلَوْلَا أَنْ يَقُولَ النَّاسُ لَقُلْتُ: إِنِّي كُنْتُ يَقْظَانًا غَيْرَ نَائِمٍ، فَقَالَ رَسُولُ اللَّهِ ﷺ : لَقَدْ أَرَاكَ اللَّهُ خَيْرًا. »

فَقَالَ الشَّيْخُ وَلِي الدِّين الْعِرَاقِي فِي شَرْحِ سُنَنِ أَبِي دَاوُد: قَوْلُهُ: "**إِنِّي لَبَيْنَ نَائِمٍ وَيَقْظَانَ**" مُشْكِلٌ ; لِأَنَّ الْحَالَ لَا يَخْلُو عَنْ نَوْمٍ أَوْ يَقَظَةٍ، فَكَانَ مُرَادُهُ أَنَّ نَوْمَهُ كَانَ خَفِيفًا قَرِيبًا مِنَ الْيَقَظَةِ، فَصَارَ كَأَنَّهُ دَرَجَةٌ مُتَوَسِّطَةٌ بَيْنَ النَّوْمِ وَالْيَقَظَةِ.

Je [*Al-Suyūṭī*] dis que cela explicite le fait qu'il fut pris d'un état spirituel (*ḥāl*) que les maitres des états spirituels (*arbāb al-aḥwāl*) vivent dans lesquels ils contemplent ce qui ne l'est pas [normalement], voient ce qui ne l'est pas [normalement]. Les compagnons (ﷺ) sont les leadeurs des maitres des états spirituels (*arbāb al-aḥwāl*).

Il est aussi rapporté dans plusieurs *ḥadīths* qu'*Abū Bakr*, *ʿUmar* et *Bilāl* virent ce que vit *ʿAbdallāh b. Zayd.* L'*Imām al-Ḥaramayn* a rapporté dans « *al-Nihāya* » et *al-Ghazālī* dans « *al-Basīṭ* » qu'une dizaine de compagnons virent tous quelque chose de semblable à cela. Et dans le *ḥadīth*, celui qui prononça l'*adhān* qu'entendit *ʿUmar* et *Bilāl* était *Jibrīl* et *al-Ḥārith b. Abī Ussāma* l'a rapporté dans son *Musnad.*

Cela est semblable à ce qu'*Ibn ʿAsākir* a rapporté dans son « *Tārikh* » d'après *Muḥammad* b. *al-Munkadir* qui a dit :

« Le Messager d'*Allāh* (ﷺ) vint rendre visite à *Abū Bakr* et il vit qu'il était incommodé, alors [le Prophète] sortit de chez lui et rentra chez *ʿĀ'isha* afin de lui raconter la douleur d'*Abū Bakr.* Lorsqu'*Abū Bakr* arriva, il demanda la permission, rentra et le Prophète (ﷺ) s'étonna de ce qu'*Allāh* lui avait accordé comme bien (*ʿāfiyah*). Il dit alors : 'Qu'est-ce si ce n'est le fait que lorsque tu es venu chez moi, je me suis assoupi et qu'ensuite *Jibrīl* (عليه السلام) vint à moi qui brillais d'une lumière incandescente. Ensuite, je me suis alors mis debout et me remis de [cet état]'. »

Peut-être que cela était une somnolence due à un état [spirituel] et non au sommeil.

قُلْتُ: أَظْهَرُ مِنْ هَذَا أَنْ يُحْمَلَ عَلَى الْحَالَةِ الَّتِي تَعْتَرِي أَرْبَابَ الْأَحْوَالِ وَيُشَاهِدُونَ فِيهَا مَا يُشَاهِدُونَ، وَيَسْمَعُونَ مَا يَسْمَعُونَ، وَالصَّحَابَةُ رَضِيَ اللَّهُ عَنْهُمْ هُمْ رُءُوسُ أَرْبَابِ الْأَحْوَالِ.

وَقَدْ وَرَدَ فِي عِدَّةِ أَحَادِيثَ أَنَّ أَبَا بَكْر وَعُمَر وَبِلَالًا رَأَوْا مِثْلَ مَا رَأَى عَبْد اللَّه بْن زَيْد. وَذَكَرَ إِمَام الْحَرَمَيْن فِي النِّهَايَةِ، وَالْغَزَالِيُّ فِي الْبَسِيطِ، أَنَّ بِضْعَةَ عَشَرَ مِنَ الصَّحَابَةِ كُلُّهُمْ قَدْ رَأَى مِثْلَ ذَلِكَ. وَفِي الْحَدِيثِ [أَنَّ] الَّذِي نَادَى بِالْأَذَانِ فَسَمِعَهُ عُمَر وَبِلَال جِبْرِيلُ أَخْرَجَهُ الْحَارِث بْن أَبِي أُسَامَة فِي مُسْنَدِهِ.

وَيُشْبِهُ هَذَا مَا أَخْرَجَهُ ابْن عَسَاكِر فِي تَارِيخِهِ، عَنْ مُحَمَّدِ بْنِ الْمُنْكَدِرِ قَالَ:

« دَخَلَ رَسُولُ اللَّهِ ﷺ عَلَى أَبِي بَكْر فَرَآهُ ثَقِيلًا، فَخَرَجَ مِنْ عِنْدِهِ، فَدَخَلَ عَلَى عائشة لِيُخْبِرَهَا بِوَجَعِ أَبِي بَكْر، إِذْ دَخَلَ أبو بكر يَسْتَأْذِنُ، فَدَخَلَ فَجَعَلَ النَّبِيُّ ﷺ يَتَعَجَّبُ لِمَا عَجَّلَ اللَّهُ لَهُ مِنَ الْعَافِيَةِ، فَقَالَ: مَا هُوَ إِلَّا أَنْ خَرَجْتَ مِنْ عِنْدِي فَغَفَوْتُ، فَأَتَانِي جِبْرِيلُ عَلَيْهِ السَّلَامُ، فَسَطَعَنِي سَطْعَةً، فَقُمْتُ وَقَدْ بَرِأْتُ. »

فَلَعَلَّ هَذِهِ غَفْوَةُ حَالٍ لَا غَفْوَةُ نَوْمٍ.

✵ ✵ ✵

Ces paroles — les louanges sont à *Allāh* — terminent la traduction de cette *fatwā*. Louanges enfin à *Allāh*, seul, car c'est de Lui que viennent toutes faveurs et tous les bienfaits. Il est le seul digne d'être loué.

Ô *Allāh* ! Prie sur notre maître *Muḥammad*, qui ouvre ce qui est fermé et qui scelle ce qui précède, qui fait triompher la Vérité par la Vérité, le Guide sur Ton chemin droit ; ainsi que sur sa famille à la mesure de son mérite et de sa valeur immense.

29 *Jumādā I* 1442 H.

APPENDIX I

Afin d'approfondir le sujet de la vie des prophètes après la mort, nous proposons un essai de traduction de la *fatwā* d'un des derniers vérificateurs de l'école Mālikite et célèbre commentateur du « *Mukhtaṣar* » de *Khalīl*, le *Shaykh* des Mālikites de son temps : *Muḥammad b. Aḥmad ʿIllīsh* (m. 1299 H). Celle-ci figure dans son ouvrage : « *Fatḥ al-ʿAlī al-Mālik fī al-fatwā ʿalā madhhab al-Imām Mālik* ».

Le maître, juriste, *Imām*, érudit, vérificateur, gnostique, *Muḥammad b. Aḥmad al-Mālikī al-Ashʿarī al-Shādhilī* ﷺ a dit :

Quel est votre propos concernant les prophètes, sur eux la prière et la paix, et les martyrs : sont-ils vivants dans leur tombe, peuvent manger, boire, prier, jeûner, faire le pèlerinage, se marier ; cela de la manière comment cela survenait pour eux dans le monde d'ici-bas ? Et quelle est la sagesse derrière cela ? Et en est-il de même pour les saints (*awliyā'*) ? Nous espérons une réponse.

J'ai alors répondu par ce qui suit : la louange est à *Allāh*, que la prière et le salut soient sur notre maître *Muḥammad*, le Messager d'*Allāh*.

Effectivement, ils sont bien vivants dans leur tombe, mangent, boivent, prient, jeûnent et effectuent le pèlerinage. Néanmoins, cela ne survient pas dans la modalité dans laquelle ils l'effectuaient dans le monde d'ici-bas ; cela s'opère plutôt d'une manière qu'*Allāh* connait. Il nous incombe d'ailleurs de ne pas digresser dessus puisqu'il n'y a pas de moyen d'atteindre le savoir certain à ce sujet si ce n'est à travers le *ḥadīth* et aucun *ḥadīth* n'a été rapporté sur cela qui expliciterait ce qui est voulu [par cette vie]. Il en est de même pour les saints.

L'érudit *ʿAbd al-Salām al-Laqqānī* a dit dans son commentaire de la « *Jawharat* » de son père lorsque ce dernier a dit : « Le martyr de guerre est décrit par la vie » : « c'est-à-dire : croyez obligatoirement que l'entité (*haykal*) [10] du martyr de guerre est caractérisée par la vie complète [11] en raison de Sa Parole : ﴿ ***Ne pense pas que ceux qui ont été tués dans le sentier d'Allāh, soient morts. Au contraire, ils sont vivants*** ﴾ [S.3/V.169].

[10] Le terme « *haykal* » est un terme qui renvoie à l'esprit (*rūḥ*) et au corps (*jism*) en même temps.

[11] C- à-d : la complétude sensorielle comme le fait de savoir, d'entendre, de voir. Ces éléments se rattachent simultanément à l'esprit et au corps.

قَالَ الشَّيْخُ الْفَقِيهُ الإِمَامُ الْعَلَّامَةُ الْمُحَقِّقُ الْعَارِفُ بِاللهِ مُحَمَّدُ بْنُ أَحْمَدَ عِلِّيش الْمَالِكِي الْأَشْعَرِي الشَّاذِلِي رَضِيَ اللهُ عَنْهُ :

مَا قَوْلُكُمْ فِي الْأَنْبِيَاءِ – عَلَيْهِمُ الصَّلَاةُ وَالسَّلَامُ – وَالشُّهَدَاءِ هَلْ هُمْ أَحْيَاءٌ فِي قُبُورِهِمْ يَأْكُلُونَ وَيَشْرَبُونَ وَيُصَلُّونَ وَيَصُومُونَ وَيَحُجُّونَ وَيَنْكِحُونَ عَلَى كَيْفِيَّةِ مَا كَانَ يَقَعُ مِنْهُمْ فِي الدُّنْيَا وَمَا الْحِكْمَةُ فِي ذَلِكَ وَهَلْ الْأَوْلِيَاءُ كَذَلِكَ؟ أَفِيدُوا الْجَوَابَ.

فَأَجَبْتُ بِمَا نَصُّهُ: الْحَمْدُ لِلَّهِ وَالصَّلَاةُ وَالسَّلَامُ عَلَى سَيِّدِنَا مُحَمَّدٍ رَسُولِ اللَّهِ نَعَمْ؛ هُمْ أَحْيَاءٌ فِي قُبُورِهِمْ يَأْكُلُونَ وَيَشْرَبُونَ وَيُصَلُّونَ وَيَصُومُونَ وَيَحُجُّونَ لَكِنْ لَا عَلَى كَيْفِيَّةِ مَا كَانَ يَقَعُ مِنْهُمْ فِي الدُّنْيَا بَلْ عَلَى كَيْفِيَّةٍ يَعْلَمُهَا اللَّهُ تَعَالَى يَجِبُ عَلَيْنَا الْكَفُّ عَنْ الْخَوْضِ فِيهَا إِذْ لَا طَرِيقَ لِلْعِلْمِ بِهَا إِلَّا الْحَدِيثَ وَلَمْ يَرِدْ فِيهَا حَدِيثٌ يُبَيِّنُ الْمُرَادَ وَالْأَوْلِيَاءُ كَذَلِكَ قَالَ الْعَلَّامَةُ عَبْدُ السَّلَامِ اللَّقَانِيُّ فِي شَرْحِ جَوْهَرَةِ وَالِدِهِ عِنْدَ قَوْلِهِ: وَصَفَ شَهِيدَ الْحَرْبِ بِالْحَيَاةِ أَيْ اعْتَقَدَ وُجُوبًا اتِّصَافَ هَيْكَلِ [12] شَهِيدِ الْحَرْبِ بِالْحَيَاةِ الْكَامِلَةِ [13] لِقَوْلِهِ تَعَالَى ﴿ **وَلَا تَحْسَبَنَّ الَّذِينَ قُتِلُوا فِي سَبِيلِ اللَّهِ أَمْوَاتًا بَلْ أَحْيَاءٌ** ﴾

[12] اسم للروح والجسد معًا.

[13] أي التامة الإدراكات كالعلم والسماع والإبصار وهي ما تعلقت بالروح والجسد معًا.

Et leur vie est une véritable vie en raison du sens apparent du verset et ils reçoivent ce qu'ils désirent en termes de subsistance à l'instar des vivants qui reçoivent la subsistance par la nourriture, la boisson, les habits et autres.

Al-Jazūlī a dit : leur vie n'est pas descriptible et imaginable pour les humains. Cependant, il nous est obligatoire d'y croire suivant ce qui est parvenu de manière apparente dans la Législation. Il nous incombe d'ailleurs de ne pas digresser dessus puisqu'il n'y a pas de moyen d'atteindre le savoir certain à ce sujet si ce n'est à travers le *ḥadīth* et aucun *ḥadīth* n'a été rapporté sur cela qui expliciterait ce qui est voulu [par cette vie].

La vie est une modalité qui implique la sensorialité, le mouvement, la volonté ou bien qui rend valable pour celui qui la détient la possibilité de percevoir. Notre propos « l'entité est caractérisée » reflète le sens apparent du poème [commenté] puisqu'il décrit l'essence et en même temps l'esprit.

Ce qui est entendu par « martyr de guerre » est le croyant qui a été tué lors du combat contre les mécréants en raison d'une des raisons possibles de mort dans l'optique de faire triompher la parole d'*Allāh*, exalté soit-Il, sans que ce ne soit le fruit d'une cause entraînant un péché. Il en est de même pour toute personne tuée sur la vérité comme le blessée dans la guerre contre les rebelles, contre les bandits, lors de l'établissement de l'ordre par le convenable et de la condamnation du blâmable.

Quant à celui qui est tué dans le combat contre les mécréants pour faire triompher la parole d'*Allāh*, exalté soit-Il, mais en ayant une cause le motivant impliquant un péché comme celui qui vole le butin de guerre, il aura alors le statut de martyr dans le monde d'ici-bas, mais il n'aura pas la récompense complète.

وَأَنَّ حَيَاتَهُمْ حَقِيقِيَّةٌ لِظَاهِرِ الْآيَةِ وَأَنَّهُمْ يُرْزَقُونَ مِمَّا يَشْتَهُونَ كَمَا تُرْزَقُ الْأَحْيَاءُ بِالْأَكْلِ وَالشُّرْبِ وَاللِّبَاسِ وَغَيْرِهَا.

قَالَ الْجُزُولِيُّ وَحَيَاتُهُمْ غَيْرُ مُكَيَّفَةٍ وَلَا مَعْقُولَةٍ لِلْبَشَرِ لَكِنْ يَجِبُ الْإِيمَانُ بِهَا عَلَى مَا جَاءَ بِهِ ظَاهِرُ الشَّرْعِ وَيَجِبُ الْكَفُّ عَنْ الْخَوْضِ فِي كَيْفِيَّتِهَا إِذْ لَا طَرِيقَ لِلْعِلْمِ بِهَا إِلَّا مِنْ الْخَبَرِ وَلَمْ يَرِدْ فِيهَا شَيْءٌ يُبَيِّنُ الْمُرَادَ.

وَالْحَيَاةُ كَيْفِيَّةٌ يَلْزَمُهَا الْحِسُّ وَالْحَرَكَةُ الْإِرَادِيَّةُ أَوْ تُصَحِّحُ لِمَنْ قَامَتْ بِهِ الْعِلْمَ وَقَوْلُنَا اتِّصَافُ هَيْكَلٍ عَلَى ظَاهِرِ الْمَتْنِ مِنْ اتِّصَافِ الذَّاتِ وَالرُّوحِ جَمِيعًا.

وَالْمُرَادُ بِشَهِيدِ الْحَرْبِ الْمُؤْمِنُ الْمَقْتُولُ فِي حَرْبِ الْكُفَّارِ بِسَبَبٍ مِنْ أَسْبَابِ الْقَتْلِ لِإِعْلَاءِ كَلِمَةِ اللَّهِ تَعَالَى بِدُونِ مُفَارَقَةِ سَبَبٍ مُؤْثِمٍ وَمِثْلُهُ كُلُّ مَقْتُولٍ عَلَى الْحَقِّ كَالْمَجْرُوحِ فِي قِتَالِ الْبُغَاةِ وَقُطَّاعِ الطَّرِيقِ وَإِقَامَةِ الْأَمْرِ بِالْمَعْرُوفِ وَالنَّهْيِ عَنْ الْمُنْكَرِ.

وَأَمَّا الْمَقْتُولُ فِي حَرْبِ الْكُفَّارِ لِإِعْلَاءِ كَلِمَةِ اللَّهِ تَعَالَى لَكِنْ مَعَ مُقَارَفَةِ سَبَبٍ مُؤْثِمٍ كَمَنْ غَلَّ فِي الْغَنِيمَةِ فَلَهُ حُكْمُ شَهِيدِ الدُّنْيَا لَا ثَوَابُهُمْ الْكَامِلُ.

Quant à ceux qui sont morts à cause de maladies du ventre (*mabṭūn*) ou de la peste (*maṭʿūn*) et semblable font partie des martyrs de l'au-delà seulement. Ils sont donc semblables aux premiers dans la récompense, mais ils seront en dessous d'eux en termes de degrés en ce qui concerne la vie, la subsistance, mais aussi des règles juridiques d'ici-bas puisqu'ils seront lavés et qu'on priera sur eux.

Il apparaît donc qu'il y a trois types de martyrs : le martyr du monde d'ici-bas et de l'au-delà, celui d'ici-bas seulement et celui de l'au-delà seulement. Et cette troisième catégorie est exclue dans la parole de l'auteur : « le martyr de combat est caractérisé par la vie » qui englobe donc les deux premières catégories. Et la motivation due au butin ou bien la survenance d'une désobéissance n'empêche pas l'obtention du martyr.

Et on l'appelle 'martyr (litt : contemplateur)' puisqu'il est vivant et que son esprit contemple la demeure du salut c'est-à-dire qui y est rentrée contrairement à autrui [14] puisque l'esprit d'autrui ne le contemple pas sauf le Jour de la Résurrection puisqu'*Allāh* et Ses anges témoignent pour lui du Paradis. » Fin de citation [du commentaire de la *Jawharat*].

En annotation, l'érudit *al-Amīr* a dit concernant sa parole « l'entité (*haykal*) » : c'est un individu composé d'un esprit et d'un corps comme le dira le commentateur.

Sa parole « [la vie] complète » : le sens de sa complétude est entièrement relié à l'esprit et au corps selon ce qu'*Allāh*, exalté soit-Il, sait comme il le dira.

---

[14] Ceci est problématique puisque les récits indiquent que les esprits des musulmans sont au Paradis à l'instant présent. On répondra en disant que celui qui n'est pas martyr et même s'il est entré au Paradis, n'est pas semblable au martyr en termes de vie et de subsistance. *Al-Nasafī* a dit : « ils n'y mangent pas ni n'en profitent. Ils attendent plutôt dedans. »

وَأَمَّا الْمَبْطُونُ وَالْمَطْعُونُ وَنَحْوُهُمَا مِنْ شُهَدَاءِ الْآخِرَةِ فَقَطْ فَإِنَّهُ وَإِنْ كَانَ كَالْأَوَّلِ فِي الثَّوَابِ لَكِنَّهُ دُونَهُ فِي الْحَيَاةِ وَالرِّزْقِ وَأَحْكَامِ الدُّنْيَا فَإِنَّهُ يُغَسَّلُ وَيُصَلَّى عَلَيْهِ.

فَظَهَرَ أَنَّ الشَّهِيدَ ثَلَاثَةٌ شَهِيدُ دُنْيَا وَآخِرَةٍ وَشَهِيدُ دُنْيَا فَقَطْ وَشَهِيدُ آخِرَةٍ فَقَطْ وَهَذَا الثَّالِثُ خَرَجَ بِقَوْلِ النَّاظِمِ: وَصْفُ شَهِيدِ الْحَرْبِ بَعْدَ شُمُولِهِ الْأَوَّلِينَ وَإِرَادَةُ الْغَنِيمَةِ أَوْ الْوُقُوعُ فِي الْمَعْصِيَةِ لَا يُنَافِي حُصُولَ الشَّهَادَةِ.

وَسُمِّيَ شَهِيدًا لِأَنَّهُ حَيٌّ وَرُوحُهُ شَهِدَتْ دَارَ السَّلَامِ أَيْ دَخَلَتْ بِخِلَافِ غَيْرِهِ [15] فَإِنَّهُ لَا يَشْهَدُهَا إِلَّا يَوْمَ الْقِيَامَةِ وَلِأَنَّ اللَّهَ تَعَالَى وَمَلَائِكَتَهُ يَشْهَدُونَ لَهُ بِالْجَنَّةِ انْتَهَى.

قَالَ مُحَشِّيهِ الْعَلَّامَةُ الْأَمِيرُ قَوْلُهُ هَيْكَلٍ هُوَ الشَّخْصُ الْمُرَكَّبُ مِنْ الرُّوحِ وَالْجِسْمِ كَمَا سَيَقُولُ الشَّارِحُ.

قَوْلُهُ الْكَامِلَةُ مَعْنَى كَمَالِهَا : تَعَلُّقُهَا بِكُلٍّ مِنْ الرُّوحِ وَالْجَسَدِ عَلَى مَا يَعْلَمُ اللَّهُ تَعَالَى كَمَا سَيَقُولُ.

---

15 استشكل بأن الذي دلت عليه الأحاديث أن أرواح المسلمين تدخل الجنة الآن ويجاب بأن غيرالشهيد وإن دخل الجنة لا يكون كالشهيد في الحياة والرزق. قال النسفي : لا يأكل فيها ولا يتنتع بل ينظر فيها.

Sa parole : « et vêtements » selon un aspect qui est caché que le Maître, Béni et Exalté soit-Il, connaît. En somme, ce sujet nécessite de se mettre dans une position de soumission et de délégation envers *Allāh*.

Sa parole : « Il en est de même pour toute personne tuée… » selon le sens apparent du texte, notre maître l'a restreint à ceux tués dans les deux types de guerres.

Sa parole : « englobe les deux premières catégories » contredit ce qui précède en termes de restriction à la première catégorie. Ce qui est en accord avec les textes est ce qui précède. » Fin de citation [des annotations d'*Al-Amīr*]

Il a dit [comme rapporté] dans « *al-Ibrīz* » [16] concernant la septième partie [de la prophétie] : « Il vit la vie des gens du Paradis. Cela consiste en ce que l'essence du messager est abreuvé de par ce par quoi les essences des gens du Paradis sont abreuvés après qu'ils y soient rentrés. Les essences des messagers sont semblables à ceux des gens du Paradis au sein du Paradis. En effet, la demeure [de l'au-delà] est constituée de deux demeures :

La demeure de l'Extinction (*fanā'*) et il y a dedans deux catégories : une qui est lumineuse (*nūrānī*) et une autre ténébreuse (*ẓulmānī*).

La seconde est la demeure de la Permanence (*baqā'*) et il y a dedans aussi deux catégories : une qui est lumineuse qui est le Paradis et une autre qui est ténébreuse qui est l'enfer. Si le voile (*ḥijāb*) est levé, chaque catégorie de la demeure de la Permanence abreuvera la catégorie qui lui correspond dans la demeure de l'Extinction. Ainsi, le lumineux abreuvera le lumineux et le ténébreux abreuvera le ténébreux. Mais l'effet de la levée du voile est variable. Dans le cas des messagers, cela survient au préalable et cela survient pour eux dans cette demeure. Ils sont au-dessus de tout ce qui est lumineux dans cette demeure. De plus, leur essence reçoit l'assistance spirituelle (*istimdād*) depuis le lumineux de la demeure de la Permanence qui n'est autre que le Paradis.

---

[16] C-à-d : le *Shaykh ʿAbd al-ʿAzīz al-Dabbāgh*, qu'Allāh l'agrée.

قَوْلُهُ وَاللِّبَاسُ عَلَى وَجْهٍ مُغَيَّبٍ يَعْلَمُهُ الْمَوْلَى تَبَارَكَ وَتَعَالَى وَبِالْجُمْلَةِ فَالْمَقَامُ مَقَامُ تَسْلِيمٍ وَتَفْوِيضٍ.

قَوْلُهُ "وَمِثْلُهُ كُلُّ مَقْتُولٍ إلَخْ" شَيْخُنَا ظَاهِرُ النُّصُوصِ قَصْرُهُ عَلَى مُقَاتِلِ الْحَرْبَيْنِ.

قَوْلُهُ شُمُولُهُ لِلْأَوَّلَيْنِ يُنَافِي مَا سَبَقَ مِنْ قَصْرِهِ عَلَى الْأَوَّلِ وَالْمُوَافِقُ لِلنُّصُوصِ مَا سَبَقَ انْتَهَى.

وَقَالَ فِي الْإِبْرِيزِ [17] فِي أَجْزَاءِ الرِّسَالَةِ السَّابِعُ أَنْ يَحْيَا حَيَاةَ أَهْلِ الْجَنَّةِ وَذَلِكَ عِبَارَةٌ عَنْ كَوْنِ ذَاتِ الرَّسُولِ تُسْقَى بِمَا تُسْقَى بِهِ ذَوَاتُ أَهْلِ الْجَنَّةِ بَعْدَ دُخُولِهِمْ إِيَّاهَا بِذَوَاتِهِمْ بِمَثَابَةِ أَهْلِ الْجَنَّةِ فِيهَا لِأَنَّ الدَّارَ دَارَانِ :

دَارُ الْفَنَاءِ وَفِيهَا قِسْمَانِ مَا هُوَ نُورَانِيٌّ وَمَا هُوَ ظَلْمَانِيٌّ.

وَدَارُ الْبَقَاءِ فِيهَا قِسْمَانِ مَا هُوَ نُورَانِيٌّ وَهُوَ الْجَنَّةُ وَمَا هُوَ ظَلْمَانِيٌّ وَهُوَ النَّارُ وَإِذَا زَالَ الْحِجَابُ أُمِدَّ كُلُّ قِسْمٍ مِنْ دَارِ الْبَقَاءِ مَا يُوَافِقُهُ مِنْ دَارِ الْفَنَاءِ فَيُمَدُّ النُّورَانِيُّ النُّورَانِيَّ، وَالظَّلْمَانِيُّ الظَّلْمَانِيَّ ثُمَّ زَوَالُ الْحِجَابِ مُخْتَلِفٌ فَفِي حَقِّ الرُّسُلِ سَابِقٌ حَاصِلٌ لَهُمْ فِي هَذِهِ الدَّارِ وَهُمْ فَوْقَ كُلِّ نُورَانِيٍّ فِي هَذِهِ الدَّارِ فَوَقَعَ لِذَوَاتِهِمْ الِاسْتِمْدَادُ مِنْ نُورَانِيِّ دَارِ الْبَقَاءِ الَّذِي هُوَ الْجَنَّةُ.

---

[17] أي : الشيخ عبد العزيز الدباغ رضي الله عنه.

Quant au reste de la création, la levée du voile ne surviendra que le Jour de la Résurrection. En ce jour, ils recevront l'assistance spirituelle et ainsi, ceux qui feront partie des gens de la Foi recevront l'assistance spirituelle parmi les lumières du Paradis et ceux qui font partie des gens de l'Injustice recevront l'assistance du feu de l'Enfer, qu'*Allāh*, exalté soit-Il, nous en préserve. En somme, l'assistance spirituelle (*istimdād*) dépend de la levée du voile, et il a été retiré pour eux [les prophètes] dans ce monde ici-bas et est donc vivant comme les vivants du Paradis. » Fin de citation.

Si tel est leur état lorsqu'ils sont dans ce monde d'ici-bas, alors que dire après leur mort après leur transition vers l'Accompagnant Ultime (*rafīq al-aʿlā*). Il a dit [comme rapporté] dans « *al-Ibrīz* » :

« Quand le *Shaykh* est mort, qu'*Allāh* l'agrée, j'ai pris la responsabilité de visiter sa tombe fréquemment. Il se tint devant moi dans un rêve et me dit : 'Certainement mon essence n'est pas restreinte à la tombe, plutôt elle est dans tout l'univers, le remplissant et l'occupant. Qu'importe l'endroit où tu me chercheras, tu me trouveras même si tu allais à un pilier d'une mosquée et que tu faisais la demande par entremise (*tawassul*) par mon biais auprès d'*Allāh*.' Ensuite il indiqua l'univers tout entier et dit : 'Je suis dans tout son intérieur. Partout où tu me chercheras, tu me trouveras. Mais prends garde à croire que je suis ton Seigneur, car certes ton Seigneur n'est pas confiné dans l'espace tandis que moi je le suis.' » Fin de citation

Il a dit dans « *al-Ibrīz* » : « Il a dit : sont présents, c'est-à-dire au *Diwān*, certains [saints] parfaits parmi les morts qui sont inclus dans les rangées avec les vivants. On peut les distinguer de trois manières : la première, leur apparence ne change pas contrairement à l'apparence des vivants. Un vivant peut parfois se raser, changer d'habit, etc.

وَأَمَّا غَالِبُ الْخَلْقِ فَإِنَّ زَوَالَ الْحِجَابِ إِنَّمَا يَكُونُ لَهُمْ يَوْمَ الْقِيَامَةِ وَفِي ذَلِكَ الْيَوْمِ يَقَعُ لَهُمْ الِاسْتِمْدَادُ فَمَنْ كَانَ مِنْ أَهْلِ الْإِيمَانِ اسْتَمَدَّ مِنْ أَنْوَارِ الْجَنَّةِ وَمَنْ كَانَ مِنْ أَهْلِ الطُّغْيَانِ اسْتَمَدَّ مِنْ نَارِ جَهَنَّمَ أَعَاذَنَا اللَّهُ تَعَالَى مِنْهَا وَبِالْجُمْلَةِ فَالِاسْتِمْدَادُ مَوْقُوفٌ عَلَى زَوَالِ الْحِجَابِ وَقَدْ زَالَ عَنْهُمْ فِي الدُّنْيَا فَكَانُوا أَحْيَاءً كَحَيَاةِ أَهْلِ الْجَنَّةِ اهـ.

وَإِذَا كَانَ ذَلِكَ حَالَهُمْ فِي الدُّنْيَا فَمَا بَالُك بَعْدَ مَوْتِهِمْ وَانْتِقَالِهِمْ لِلرَّفِيقِ الْأَعْلَى قَالَ فِي الْإِبْرِيزِ:

وَلَمَّا مَاتَ الشَّيْخُ رَضِيَ اللَّهُ تَعَالَى عَنْهُ كُنْت أَتَكَلَّفُ فِي زِيَارَةِ قَبْرِهِ فَوَقَفَ عَلَيَّ مَنَامًا فَقَالَ لِي إِنَّ ذَاتِي لَيْستْ بِمَحْجُوبَةٍ فِي الْقَبْرِ بَلْ هِيَ فِي الْعَالَمِ كُلِّهِ عَامِرَةٌ لَهُ وَمَالِئَةٌ وَفِي أَيِّ مَوْضِعٍ تَطْلُبُنِي تَجِدُنِي حَتَّى إِنَّكَ إِذَا قُمْتَ إِلَى سَارِيَةٍ فِي الْمَسْجِدِ وَتَوَسَّلْتَ بِي إِلَى اللَّهِ فَإِنِّي أَكُونُ مَعَكَ حِينَئِذٍ ثُمَّ أَشَارَ إِلَى الْعَالَمِ كُلِّهِ فَقَالَ وَأَنَا فِيهِ بِأَجْمَعِهِ فَحَيْثُمَا طَلَبْتَنِي وَجَدْتَنِي وَإِيَّاكَ أَنْ تَظُنَّ أَنِّي أَنَا رَبُّكَ فَإِنَّ رَبَّكَ عَزَّ وَجَلَّ غَيْرُ مَحْصُورٍ فِي الْعَالَمِ وَأَنَا مَحْصُورٌ فِيهِ انْتَهَى.

قَالَ فِي الْإِبْرِيزِ : قَالَ وَيَحْضُرُهُ يَعْنِي الدِّيوَانَ بَعْضُ الْكُمَّلِ مِنْ الْأَمْوَاتِ وَيَكُونُونَ فِي الصُّفُوفِ مَعَ الْأَحْيَاءِ وَيَتَمَيَّزُونَ بِثَلَاثَةِ أُمُورٍ: أَحَدُهَا: أَنَّ زِيَّهُمْ لَا يَتَبَدَّلُ بِخِلَافِ زِيِّ الْحَيِّ وَهَيْئَتِهِ فَمَرَّةً يَحْلِقُ شَعْرَهُ وَمَرَّةً يُجَدِّدُ ثَوْبَهُ وَهَكَذَا

Quant aux morts, leurs états ne changent pas donc si tu vois un homme au *Diwān* dont l'apparence ne s'altère pas, sache donc qu'il fait partie des morts. Si tu le vois rasé et que ses cheveux ne poussent pas, sache qu'il est mort dans cet état particulier. De la même manière si tu vois des cheveux sur sa tête dans un état particulier et qu'ils ne poussent pas ne diminuent pas et ne se font pas rasés, sache qu'il fait partie des morts et qu'il est mort dans cet état.

Deuxièmement, ils ne sont pas consultés pour les affaires des vivants, car ils n'ont pas de gestion sur celles-ci. Ils ont été transportés dans un autre monde très éloigné du monde des vivants. Cependant, ils sont consultés dans les affaires qui concernent les morts.

Troisièmement, l'essence du mort n'a pas d'ombre donc si le mort est entre toi et le soleil, tu ne verras pas d'ombre projetée sur lui. Le secret dans cela est qu'il est présent par l'essence de son âme et non par son essence terrestre. L'essence de l'esprit est légère et non lourde, transparente et non opaque.' »

Il a dit : « 'Les morts présents au *Diwān* y descendent en provenant du monde intermédiaire (*barzakh*). Ils volent par le vol de l'esprit. De cette manière lorsqu'ils sont à une certaine distance (non loin de l'endroit du *Diwān*), ils descendent sur la terre et marchent avec leurs jambes jusqu'à atteindre le *Diwān* par politesse envers les vivants et par peur d'eux.' »

Il a dit : « 'À certaines occasions, le Prophète, que la prière et le salut d'*Allāh* soient sur lui, est présent.' »

وَأَمَّا الْمَوْتَى فَلَا تُبَدَّلُ حَالَتُهُمْ فَإِذَا رَأَيْتَ فِي الدِّيوَانِ رَجُلًا عَلَى زِيٍّ لَا يَتَبَدَّلُ فَاعْلَمْ أَنَّهُ مِنَ الْمَوْتَى كَأَنْ تَرَاهُ مَحْلُوقَ الشَّعْرِ وَلَا يَنْبُتُ لَهُ شَعْرٌ فَاعْلَمْ أَنَّهُ عَلَى تِلْكَ الْحَالَةِ مَاتَ وَإِنْ رَأَيْتَ الشَّعْرَ عَلَى رَأْسِهِ عَلَى حَالَةٍ لَا يَزِيدُ وَلَا يَنْقُصُ وَلَا يُحْلَقُ فَاعْلَمْ أَيْضًا أَنَّهُ مَيِّتٌ عَلَى تِلْكَ الْحَالَةِ

ثَانِيهَا أَنَّهُ لَا تَقَعُ مَعَهُمْ مُشَاوَرَةٌ فِي أُمُورِ الْأَحْيَاءِ لِأَنَّهُ لَا تَصَرُّفَ لَهُمْ فِيهَا وَقَدْ انْتَقَلُوا إِلَى عَالَمٍ آخَرَ فِي غَايَةِ الْمُبَايَنَةِ لِعَالَمِ الْأَحْيَاءِ وَإِنَّمَا تَقَعُ مَعَهُمْ الْمُشَاوَرَةُ فِي أُمُورِ عَالَمِ الْأَمْوَاتِ.

ثَالِثُهَا: أَنَّ ذَاتَ الْمَيِّتِ لَا ظِلَّ لَهَا فَإِذَا وَقَفَ الْمَيِّتُ بَيْنَكَ وَبَيْنَ الشَّمْسِ فَإِنَّكَ لَا تَرَى لَهُ ظِلًّا وَسِرُّهُ أَنَّهُ يَحْضُرُ بِذَاتِ رُوحِهِ لَا بِذَاتِهِ التُّرَابِيَّةِ وَذَاتُ الرُّوحِ خَفِيفَةٌ لَا ثَقِيلَةٌ وَشَفَّافَةٌ لَا كَثِيفَةٌ

قَالَ وَالْأَمْوَاتُ الْحَاضِرُونَ فِي الدِّيوَانِ يَنْزِلُونَ إِلَيْهِ مِنَ الْبَرْزَخِ يَطِيرُونَ بِطَيَرَانِ الرُّوحِ فَإِذَا قَرُبُوا مِنْ مَوْضِعِ الدِّيوَانِ نَزَلُوا إِلَى الْأَرْض وَمَشَوْا عَلَى أَرْجُلِهِمْ إِلَى أَنْ يَصِلُوا إِلَى الدِّيوَانِ تَأَدُّبًا مَعَ الْأَحْيَاءِ وَخَوْفًا مِنْهُمْ.

قَالَ وَفِي بَعْضِ الْأَحْيَانِ يَحْضُرُهُ النَّبِيُّ – صَلَّى اللَّهُ عَلَيْهِ وَسَلَّمَ.

Il a dit : « 'Durant la Nuit du Destin (*laylah al-qadr*), les prophètes, les messagers et les anges rapprochés (*muqarrabūn*), prières et salut d'*Allāh* sur eux tous, sont présents durant celui-ci (le *Diwān*) ainsi que le maître de l'existence (ﷺ), ses femmes pures et ses plus grands compagnons, qu'*Allāh*, exalté soit-Il, les agrée tous.' »

Le *Shaykh ʿAbd al-Salām* a dit [comme mentionné] dans « *Hidāyah al-Murīd* » : « Certains ont dit qu'il est possible qu'Allāh, exaté soit-Il, fasse revivre une partie des martyrs et qu'Il fasse profiter par le biais de nourriture ou de boisson. D'autres ont dit que la vie ne concernait que l'esprit et non le corps.

L'érudit, le connaissant en *Allāh*, exalté soit-Il, *al-Jazūlī* a dit : « la vie des martyrs est une vie indescriptible et inimaginable pour les humains. Cependant, il nous est obligatoire d'y croire suivant ce qui est parvenu de manière apparente dans la Législation. Il nous incombe d'ailleurs de ne pas digresser dessus puisqu'il n'y a pas de moyen d'atteindre le savoir certain à ce sujet si ce n'est à travers le *ḥadīth* et aucun *ḥadīth* n'a été rapporté sur cela qui expliciterait ce qui est voulu [par cette vie]. » Fin de citation

Similairement, le *Shaykh* de l'*Islām Zakariyyā* [*al-Anṣārī*] a dit en marge d'*al-Bayḍāwī* que la majorité des exégètes étaient d'opinion que la vie des martyrs n'était pas par le corps.

Ibn ʿĀdil a dit : « Il se peut que leur vie soit par le corps même si l'on ne perçoit pas le corps comme étant vivant. En effet, la vie de l'esprit est établie pour tous les morts et ceci par consensus. Ainsi donc, si le martyr n'était point vivant sauf par celle-ci, ils auraient été équivalents eux et les autres. » Fin de citation

قَالَ وَفِي لَيْلَةِ الْقَدْرِ يَحْضُرُهُ الْأَنْبِيَاءُ وَالْمُرْسَلُونَ وَالْمَلَائِكَةُ الْمُقَرَّبُونَ صَلَوَاتُ اللَّهِ وَسَلَامُهُ عَلَيْهِمْ أَجْمَعِينَ وَيَحْضُرُهُ فِيهَا سَيِّدُ الْوُجُودِ صَلَّى اللَّهُ عَلَيْهِ وَسَلَّمَ وَأَزْوَاجُهُ الطَّاهِرَاتُ وَأَكَابِرُ أَصْحَابِهِ رَضِيَ اللَّهُ تَعَالَى عَنْهُمْ أَجْمَعِينَ.

وَقَالَ الشَّيْخُ عَبْدُ السَّلَامِ فِي هِدَايَةِ الْمُرِيدِ: قَالَ بَعْضُهُمْ يَجُوزُ أَنْ يَجْمَعَ اللَّهُ تَعَالَى جُمْلَةً أَجْزَاءَ الشَّهِيدِ وَيُحْيِيهَا فَتَنْعَمُ بِالْأَكْلِ وَالشُّرْبِ.

وَقَالَ بَعْضُهُمْ: الْحَيَاةُ لِلرُّوحِ لَا لِلْجَسَدِ

وَقَالَ الْعَلَّامَةُ الْعَارِفُ بِاللَّهِ تَعَالَى الْجَزُولِيُّ: إِنَّ حَيَاةَ الشُّهَدَاءِ حَيَاةٌ غَيْرُ مُكَيَّفَةٍ وَلَا مَعْقُولَةٍ لِلْبَشَرِ يَجِبُ الْإِيمَانُ بِهَا عَلَى مَا جَاءَ بِهِ ظَاهِرُ الشَّرْعِ وَيَجِبُ الْكَفُّ عَنِ الْخَوْضِ فِي كَيْفِيَّتِهَا إِذْ لَا طَرِيقَ لِلْعِلْمِ بِهَا إِلَّا مِنَ الْخَبَرِ وَلَمْ يَرِدْ فِيهَا شَيْءٌ يُبَيِّنُ الْمُرَادَ اهـ.

وَنَحْوُهُ قَوْلُ شَيْخِ الْإِسْلَامِ زَكَرِيَّا فِي حَوَاشِي الْبَيْضَاوِيِّ أَكْثَرُ الْمُفَسِّرِينَ عَلَى أَنَّ حَيَاةَ الشُّهَدَاءِ لَيْسَتْ بِالْجَسَدِ.

وَقَالَ ابْنُ عَادِلٍ: وَيُحْتَمَلُ أَنَّ حَيَاتَهُمْ بِالْجَسَدِ وَإِنْ لَمْ نُشَاهِدْ الْجَسَدَ حَيًّا، فَإِنَّ حَيَاةَ الرُّوحِ ثَابِتَةٌ لِجَمِيعِ الْأَمْوَاتِ بِالِاتِّفَاقِ فَلَوْ لَمْ تَكُنْ حَيَاةُ الشُّهَدَاءِ إِلَّا بِهَا لَاسْتَوَوْا هُمْ وَغَيْرُهُمْ انْتَهَى.

Certains [savants] contemporains ont dit que cela représentait l'essence de l'avis soutenu par *al-Jazūlī*. Puis il a dit : *Abū Manṣūr al-Baghdādī* a dit que les théologiens vérificateurs parmi nos compagnons que notre Prophète (ﷺ) est vivant après sa mort et qu'il est satisfait des adorations de sa communauté, et que les prophètes ne se décomposent pas. Je crois d'ailleurs que les perceptions (*idrākāt*) comme le savoir, l'ouïe sont établies pour tous les morts, que l'empêchement de revenir à la vie [présente] pour les morts dans sa tombe s'effectue par le fait qu'il est soit satisfait dans sa tombe ou châtié, et que ces deux évènements sont conditionnés par la vie. Mais celle-ci ne s'arrête pas l'aspect physique. Quant aux preuves de la vie des prophètes, cela implique qu'elle est effective également par l'aspect physique et de la capacité de gestion dans le monde tout en étant indépendant des éléments mondains.

De là, *Abū al-Ḥasan al-Ashʿarī*, qu'*Allāh*, exalté soit-Il, l'agrée, a dit que le Prophète (ﷺ) conserve le statut de messager même après sa mort. Le statut émis sur une chose tient lieu fondamentalement de cette chose : il est donc le Messager d'*Allāh* même maintenant. Ne vois-tu pas que la période de viduité (*ʿiddah*) indique ce qu'il y avait comme règles relatives au mariage ? Et *Allāh* sait mieux. »

قَالَ بَعْضُ الْمُتَأَخِّرِينَ: وَالنَّفسُ أَمْيَلُ إِلَى مَا قَالَهُ الْجَزُولِيُّ ثُمَّ قَالَ الْخَامِسُ: قَالَ أَبُو مَنْصُورٍ الْبَغْدَادِيُّ قَالَ الْمُتَكَلِّمُونَ الْمُحَقِّقُونَ مِنْ أَصْحَابِنَا إِنَّ نَبِيَّنَا صَلَّى اللَّهُ عَلَيْهِ وَسَلَّمَ حَيٌّ بَعْدَ وَفَاتِهِ وَأَنَّهُ يُسَرُّ بِطَاعَاتِ أُمَّتِهِ، وَإِنَّ الْأَنْبِيَاءَ لَا يَبْلُونَ مَعَ أَنَّا نَعْتَقِدُ ثُبُوتَ الْإِدْرَاكَاتِ كَالْعِلْمِ وَالسَّمْعِ لِسَائِرِ الْمَوْتَى وَنَقْطَعُ بِعَوْدِ حَيَاةِ كُلِّ مَيِّتٍ فِي قَبْرِهِ وَبِنَعِيمِ الْقَبْرِ وَعَذَابِهِ وَهُمَا مِنَ الْأَعْرَاضِ الْمَشْرُوطَةِ بِالْحَيَاةِ لَكِنَّهُ لَا يَتَوَقَّفُ عَلَى الْبِنْيَةِ وَأَمَّا أَدِلَّةُ الْحَيَاةِ فِي الْأَنْبِيَاءِ فَمُقْتَضَاهَا أَنَّهَا مَعَ الْبِنْيَةِ وَقُوَّةِ النُّفُوذِ فِي الْعَالَمِ مَعَ الِاسْتِغْنَاءِ عَنِ الْعَوَائِدِ الدُّنْيَوِيَّةِ.

وَمِنْ هُنَا قَالَ أَبُو الْحَسَنِ الْأَشْعَرِيُّ رَضِيَ اللَّهُ تَعَالَى عَنْهُ النَّبِيُّ صَلَّى اللَّهُ عَلَيْهِ وَسَلَّمَ فِي حُكْمِ الرِّسَالَةِ الْآنَ بَعْدَ مَوْتِهِ وَحُكْمُ الشَّيْءِ يَقُومُ مَقَامَ أَصْلِ الشَّيْءِ فَهُوَ رَسُولُ اللَّهِ الْآنَ، أَلَا تَرَى أَنَّ الْعِدَّةَ تَدُلُّ عَلَى مَا كَانَ مِنْ أَحْكَامِ النِّكَاحِ وَاللَّهُ أَعْلَمُ.

✵ ✵ ✵

APPENDIX II

On se propose de traduire la réponse juridique (*fatwā*) de l'*Imām* et vérificateur Shāfiʿite *Shams al-Dīn al-Ramlī* (m. 1004 H) concernant la demande d'aide (*istighāthah*). Celle-ci se trouve dans le recueil de *fatwā* : « *Fatāwā al-Ramlī fi furūqʿ al-fiqh al-shāfiʿī* ».

« **On l'a questionné** : concernant ce qui survient chez les gens du commun (*ʿawwām*) lorsqu'ils sont en détresse en disant **"Ô Shaykh untel"** ou **"Ô Messager d'*Allāh*"** et d'autres choses similaires en recherchant l'aide (*istighāthah*) des prophètes, des saints, des savants et des gens pieux. Cela est-il permis ou non ? Les messagers, prophètes, saints, pieux et savants ont-ils la capacité d'aider les gens après leur mort ? Et qu'est-ce qui renforce cette idée ?

Il a répondu : la recherche d'aide (*istighāthah*) auprès des prophètes, messagers, saints, savant et des gens pieux est permis. Les messagers, prophètes et saints ont (la capacité) d'assister après leur mort, car les miracles des prophètes et les prodiges des saints ne s'interrompent pas après leur mort. Concernant les prophètes, ils sont vivants dans leur tombe et prient, effectuent le pèlerinage comme cela a été mentionné dans des récits. Ainsi, leur aide viendra à travers un miracle qu'ils feront ; et les martyrs sont également vivants, et ont été vus ouvertement tuer des mécréants

Concernant les saints, c'est un prodige (*karāmah*) de leur part. Les gens de la Vérité (*ahl al-ḥaqq*) estiment que cela peut survenir des saints à la fois intentionnellement, mais aussi sans intention [de leur part]. *Allāh*, exalté soit-Il, leur accorde [la possibilité] de rompre le cours habituel des choses (*khāriqah lil-ʿādah*). La preuve de cela est que ces choses comptent parmi ce qui est possible (intellectuellement) et la possibilité de leur arrivée ne nécessite rien d'impossible. Donc tout ce qui tombe dans cette catégorie peut se produire.

قَالَ الشَّيْخُ الْفَقِيهُ الإِمَامُ الْعَلَّامَةُ الْمُحَقِّقُ شَمْسُ الدِّينِ الرَّمْلِي الشَّافِعِي الأَشْعَرِيّ رضي الله عنه :

(**سُئِلَ**) عَمَّا يَقَعُ مِنَ الْعَامَّةِ مِنْ قَوْلِهِمْ عِنْدَ الشَّدَائِدِ **يَا شَيْخُ فُلَانٌ يَا رَسُولَ اللَّهِ** وَنَحْوِ ذَلِكَ مِنَ الاِسْتِغَاثَةِ بِالْأَنْبِيَاءِ وَالْمُرْسَلِينَ وَالْأَوْلِيَاءِ وَالْعُلَمَاءِ وَالصَّالِحِينَ فَهَلْ ذَلِكَ جَائِزٌ أَمْ لَا وَهَلْ لِلرُّسُلِ وَالْأَنْبِيَاءِ وَالْأَوْلِيَاءِ وَالصَّالِحِينَ وَالْمَشَايِخِ إِغَاثَةٌ بَعْدَ مَوْتِهِمْ وَمَاذَا يُرَجِّحُ ذَلِكَ؟

(**فَأَجَابَ**) بِأَنَّ الاِسْتِغَاثَةَ بِالْأَنْبِيَاءِ وَالْمُرْسَلِينَ وَالْأَوْلِيَاءِ وَالْعُلَمَاءِ وَالصَّالِحِينَ جَائِزَةٌ وَلِلرُّسُلِ وَالْأَنْبِيَاءِ وَالْأَوْلِيَاءِ وَالصَّالِحِينَ إِغَاثَةٌ بَعْدَ مَوْتِهِمْ؛ لِأَنَّ مُعْجِزَةَ الْأَنْبِيَاءِ وَكَرَامَاتِ الْأَوْلِيَاءِ لَا تَنْقَطِعُ بِمَوْتِهِمْ. أَمَّا الْأَنْبِيَاءُ فَلِأَنَّهُمْ أَحْيَاءٌ فِي قُبُورِهِمْ يُصَلُّونَ وَيَحُجُّونَ كَمَا وَرَدَتْ بِهِ الْأَخْبَارُ وَتَكُونُ الْإِغَاثَةُ مِنْهُمْ مُعْجِزَةً لَهُمْ. وَالشُّهَدَاءُ أَيْضًا أَحْيَاءٌ شُوهِدُوا نَهَارًا جِهَارًا يُقَاتِلُونَ الْكُفَّارَ.

وَأَمَّا الْأَوْلِيَاءُ فَهِيَ كَرَامَةٌ لَهُمْ فَإِنَّ أَهْلَ الْحَقِّ عَلَى أَنَّهُ يَقَعُ مِنَ الْأَوْلِيَاءِ بِقَصْدٍ وَبِغَيْرِ قَصْدٍ أُمُورٌ خَارِقَةٌ لِلْعَادَةِ يُجْرِيهَا اللَّهُ تَعَالَى بِسَبَبِهِمْ وَالدَّلِيلُ عَلَى جَوَازِهَا أَنَّهَا أُمُورٌ مُمْكِنَةٌ لَا يَلْزَمُ مِنْ جَوَازِ وُقُوعِهَا مُحَالٌ وَكُلُّ مَا هَذَا شَأْنُهُ فَهُوَ جَائِزُ الْوُقُوعِ.

L'histoire de *Maryam* et la manière dont sa subsistance lui venait d'*Allāh*, comme il est mentionné dans la Révélation, en est un exemple, et l'histoire d'*Abū Bakr* et ses invités comme il est mentionné dans l'authentique [aussi], ainsi que la décrue du Nil due à une lettre de *ʿUmar* et le fait qu'il ait vu l'armée alors qu'il était sur le *minbar* à Médine jusqu'à ce qu'il dise, pour l'avertir des ennemis derrière lui : 'Ô *Sāriyah* ! La montagne !' Et *Sāriyah* a entendu sa parole alors qu'il y avait une grande distance entre eux, une distance de deux mois [de marche].

Khalīd [*b. al-Walīd*] a bu du poison sans que cela ne lui nuise.

Les ruptures du cours habituel des évènements sont arrivées à de nombreux Compagnons, ceux qui les suivirent et ceux qui sont arrivés après.

Il n'est pas possible de le nier à cause du fait que tout cela, pris dans leur ensemble, atteint le degré de [fiabilité de] la transmission en masse. Donc, en général, ce qui est possible comme miracle (*muʿjizah*) pour un prophète est possible en tant que prodige (*karāmah*) pour un saint. Il n'y a aucune différence entre les deux si ce n'est la réponse à un défi [18]. »

[18] Le miracle (*muʿjizah*, litt : ce qui affaiblit) est une chose extraordinaire qui advient à un prophète dans le but de l'aider à transmettre son message. Il s'inscrit dans une démarche de défi, dès lors que le négateur se sent incapable d'apporter cette chose extraordinaire. Contrairement au prodige (*karāma*) qui lui ne s'inscrit pas dans une perspective de défi, mais plutôt comme étant une marque de noblesse qu'Allāh octroie à un serviteur pieux. Le prodige d'un saint est un miracle parmi les miracles de son prophète.

وَعَلَى الْوُقُوعِ قِصَّةُ مَرْيَمَ وَرِزْقُهَا الْآتِي مِنْ عِنْدِ اللَّهِ عَلَى مَا نَطَقَ بِهِ التَّنْزِيلُ وَقِصَّةُ أَبِي بَكْرٍ وَأَضْيَافِهِ كَمَا فِي الصَّحِيحِ وَجَرَيَانُ النِّيلِ بِكِتَابِ عُمَرَ وَرُؤْيَتُهُ وَهُوَ عَلَى الْمِنْبَرِ بِالْمَدِينَةِ جَيْشَهُ بِنَهَاوَنْدَ حَتَّى قَالَ لِأَمِيرِ الْجَيْشِ يَا سَارِيَةَ الْجَبَلَ مُحَذِّرًا لَهُ مِنْ وَرَاءِ الْجَبَلِ لِكَمِينِ الْعَدُوِّ هُنَاكَ، وَسَمَاعُ سَارِيَةَ كَلَامَهُ وَبَيْنَهُمَا مَسَافَةُ شَهْرَيْنِ.

وَشُرْبُ خَالِدٍ السُّمَّ مِنْ غَيْرِ تَضَرُّرٍ بِهِ.

وَقَدْ جَرَتْ خَوَارِقُ عَلَى أَيْدِي الصَّحَابَةِ وَالتَّابِعِينَ وَمَنْ بَعْدَهُمْ.

لَا يُمْكِنُ إِنْكَارُهَا لِتَوَاتُرِ مَجْمُوعِهَا، وَبِالْجُمْلَةِ مَا جَازَ أَنْ يَكُونَ مُعْجِزَةً لِنَبِيٍّ جَازَ أَنْ يَكُونَ كَرَامَةً لِوَلِيٍّ لَا فَارِقَ بَيْنَهُمَا إِلَّا التَّحَدِّي[19].

✵ ✵ ✵

---

[19] المعْجِزَةُ أَمْرٌ خَارِقٌ للعادة يجريه الله على يد نبي ليؤيده على تبليغ رسالته فهو على قصد التحدي بأن يعجز المنكر عن الإتيان بمثله. أما الكرامة لا تكون على وجه التحدي بل هي تكريم الله لعبد صالح. فكرامة ولي معجزة من معجزات نبيه.

ٱلْحَمْدُ لِلَّهِ رَبِّ ٱلْعَٰلَمِينَ

Table des matières